AI와 문화 기술

JN435462

AI문고

인공지능 시대입니다. 기계가 인간의 인지를 대신하고, 사물이 인간을 통하지 않고 다른 사물과 직접 커뮤니케이션합니다. 이에 따른 인간 삶과 문명 변화를 정확히 이해·예측·대응하는 것은 이 시대 우리 모두의 과제입니다. AI문고는 인공지능 기술과 환경의 여러 주제를 10가지 키워드로 정리합니다. 관련 개념과 이론, 학계와 산업계의 쟁점, 우리 일상의 변화를 다룹니다. 인간과 기술의 현재, 미래를 세심히 분석합니다.

일러두기

- 인명, 작품명, 저서명, 개념어 등은 한글과 함께 괄호 안에 해당 국가의 원어를 병기했습니다.
- 외래어 표기는 현행 어문규정의 외래어표기법을 따랐습니다.

처음이세요?

전문가세요?

지금, 큐알 찍으면

- AI 입문서 바로 선물
- 당신만의 필독서 추천
- 500권 요약본 공짜
- 오디오북 무료 사용

AI와 문화 기술

김돈정

대한민국, 서울, 커뮤니케이션북스, 2025

AI와 문화 기술

지은이 김돈정
펴낸이 박영률

초판 1쇄 펴낸날 2025년 9월 8일

커뮤니케이션북스(주)
출판 등록 2007년 8월 17일 제313-2007-000166호
02880 서울시 성북구 성북로 5-11
전화(02) 7474 001, 팩스(02) 736 5047
commbooks@commbooks.com
www.commbooks.com

이 책은 커뮤니케이션북스(주)가 저작권자와 계약해 발행했습니다.
본사의 서면 허락 없이는 어떠한 형태나 수단으로도
이 책의 내용을 이용할 수 없음을 알려드립니다.

© 김돈정, 2025

ISBN 979-11-430-0750-6 03500

책값은 뒤표지에 표시되어 있습니다.

차례

K컬처를 지속하기 위한 문화 기술

문화의 힘

백범 김구 선생은 〈나의 소원〉에서 “가장 부강한 나라가 되기를 원하는 것이 아니다. … 오직 한없이 가지고 싶은 것은 높은 문화의 힘이다. 문화의 힘은 우리 자신을 행복하게 하고, 나아가서 남에게 행복을 주기 때문이다”라고 말씀하셨다(《백범일지》, 2005). 유네스코(2002)는 문화를 ‘한 사회 또는 사회적 집단에서 나타나는 예술, 문학, 생활양식 등의 독특한 정신적, 물질적, 지적 특징’으로 정의했다. 필자는 ‘문화의 힘’을 우리 문화가 갖는 정신적, 사회적 영향력과 변화를 끌어내는 능력으로 보았다.

문화의 힘은 때로는 견고한 사회 시스템에 균열을 내는 놀라운 변화를 이끌기도 한다. 세계 음악 역사상 가장 위대한 밴드 ‘비틀스(Beatles)’가 영국에서의 성공을 바탕으로 1964년 미국에 진출할 때였다. 비틀스의 첫 미국 투어는 잭슨빌의 ‘게이터 볼(Gator Bowl) 콘서트’였다. 당시 미국 남부는 ‘짐 크로 법(Jim Crow laws)’의 영향으로 공공장소에서 흑인과 백인을 분리했고, 공연 주최 측

역시 관객석을 인종에 따라 분리할 계획이었다. 이 사실을 알게 된 비틀스 멤버들은 큰 충격을 받았다. 리더 존 레넌(John Lennon)은 "우리는 인종이 분리된 관객 앞에서 공연한 적이 없으며, 지금 와서 시작할 생각도 없다. 차라리 출연료를 포기하겠다"라는 강경한 견해를 밝혔다. 완강한 비틀스의 태도에 주최 측과 시 공무원은 인종 분리 정책을 철회했다(The Beatles Story). 이로써 처음으로 흑인과 백인 관객이 어우러져 공연을 관람할 수 있었다. 이는 '착한 스타의 선행'을 넘어 문화가 가진 힘을 보여 준 중요한 사례다. 단지 '공연하지 않겠다'라는 거부권으로 수십 년간 그 누구도 해결하지 못했던 부당한 사회 시스템에 변화를 이끈 것이다.

60년 뒤, K팝은 문화의 힘을 다시 한번 증명했다. 4인조 여성 그룹 블랙핑크(BLACKPINK)는 2023년 1월 월드 투어 '본 핑크(BORN PINK)'의 하나로 사우디아라비아 리야드에서 단독 콘서트를 개최했다(Korea.net, 2023). 중동은 이슬람 율법 '와화비쯤'에 따라 오랫동안 엄격한 남녀 분리 정책으로 여성은 남성 보호자의 허락 없이는 외출조차 힘들었다. 당연히 대중음악 콘서트도 금기시되었다. 블랙핑크 공연은 여성 그룹 공연에서 남성과 여성이 한 공간에서 함께 즐긴 첫 혼성 공연이었다.

당시 빈 살만 왕세자의 사회 · 경제 개혁 프로젝트와 맞물려 K팝 공연은 사우디아라비아의 개혁과 개방을 전 세계에 알리는 국가적 이벤트가 되었다. 남녀 혼석 공연장에 들어온 사우디의 젊은 여성들은 공연 내내 응원 봉을 흔들었다. 블랙핑크의 당당하고 주체적인 여성상은 그들에게 강력한 문화적 롤 모델을 제시했고 새로운 시대가 열렸음을 체감하는 계기가 되었다. 비틀스가 냉전 시대의 경직된 사회에 자유와 저항의 메시지를 던졌다면, 블랙핑크는 디지털 시대의 복잡하고 다양한 세계 속에서 변화를 끌어내는 문화의 힘을 보여 주었다.

K컬처와 문화 기술

21세기는 '문화의 세기'다. 문화는 이제 경제력이나 군사력 못지않게 한 국가의 경쟁력과 영향력을 좌우하는 핵심 요소가 되었다. 한때는 귀족을 비롯한 소수 권력자의 전유물이었으나, 20세기에 접어들면서 사진, 영화, 복제 기술의 등장으로 문화가 다수의 사람에게 접근할 수 있는 상품이 되기 시작했다. 문화는 문화재가 되고 문화 산업이 되었다. 숭배의 대상에서 즐김의 대상이 되었다(엄성식 외, 2012).

대중문화의 본산 미국은 2차 세계 대전 이후 할리우드

영화 산업, 맥도날드, 코카콜라, 팝송 등으로 절대적인 영향력을 행사했다. 이제 그 바통을 우리가 이어받고 있다. 한류로 대표되는 소프트파워는 전 세계로 그 영역을 넓히고, 그 위상 또한 높아지고 있다. '글로벌 소프트파워 인덱스(Global Soft Power Index 2025)'에 따르면 우리의 소프트파워 경쟁력은 12위 수준으로 꾸준히 높아지고 있고, 최근 국제통화기금(IMF)에서 문화적 존재감, 경제적 매력도, 디지털 역량 등으로 새롭게 지표화한 소프트파워 지수에서는 66개국 중 1위(Cevik et al., 2024)로 나오기도 했다.

문화 산업은 국내외에서 꾸준히 성장하는 산업이다. 한국콘텐츠진흥원 '2023년 콘텐츠산업 조사'에 따르면 콘텐츠 산업 전체 매출은 154조 규모다. 수출액은 133.4억 달러 규모로 2019년부터 연평균 6.0% 증가한 수치다. 무역 수지는 124.5억 달러 흑자로, 게임, 음악, 방송 순으로 수출에 기여하고 있다. 전 세계 한류 팬은 약 2억 2500만 명(2023.12)을 기록하여 '지구촌 한류 현황'을 조사한 2012년 926만 명 대비 약 24배로 대폭 증가했다. 전 세계 28개국 한류 경험자 2만 6400명을 대상으로 조사한 '2025 해외 한류 실태조사'에서 한류의 호감도는 조사를 시작한 2014년 대비 꾸준히 증가하고 있다. 드라마의 경우 2014년 36.3%에서 2024년 76.8%로 음악은 43.2%에서 76.4%로 게임은 28.1%에서 73.8%로 증가했다. 조사에서 한류의 접촉 경로는 넷플릭스, 유튜브, SNS 등 온라인 플랫폼이 주 경로였다.

음악, 영상, 웹툰, 출판 등 콘텐츠를 기반으로 한 문화산업은 유튜브를 타고 K팝으로, 넷플릭스 플랫폼을 통해 K드라마로, 스마트폰과 궁합을 맞춘 K웹툰으로 확산했다. K컬처의 성장 뒤에는 정보 통신 기술, AI(Artificial Intelligence), 실감형 기술(AR, Augmented Reality/VR, Virtual Reality) 등과 연계된 문화 기술이 자리한다. '문화 기술(CT, Culture Technology)'은 정부 주도로 정립된 개념이다. 2001년 《제1차 과학기술 기본계획》에서 처음으로 등장했다. 정보 기술(IT), 생명 공학 기술(BT), 나노 기술(NT), 우주 항공 기술(ST), 환경 기술(ET)과 함께 '미래 유망 신기술(6T)'로 분류되었다. 당시 '디지털 미디어를 기반으로 한 첨단 문화 예술 산업을 발전하기 위한 기술의 총칭'이라 정의했다. 이 책에서는 콘텐츠의 창작, 제작, 유통, 향유 등 전 과정에 첨단 기술을 접목하여 새로운 가치를 창출하는 분야로 문화유산의 보존과 복원, 공연·전시와 관련된 기술을 포함했다. 해외에서는 예술과 창의적 표현에 기술을 접목하는 '크리에이티브 테크놀로지(Creative Technology)'와 광고, 건축, 디자인, 패션 등을 포함한 '창의 산업(CreaTech)' 등의 개념이 있다. 문화 산업의 새로운 가치를 높이기 위한 대표적인 기술로 AI를 기반으로 한 지능형 기술과 AR/VR 등을 활용한 실감형 · 몰입형 기술이 있다.

할리우드의 영화 산업과 기술 혁신

K컬처의 경쟁력을 한 단계 더 끌어올리기 위한 답은 100년 이상 영화 산업을 지배해 온 할리우드에서 찾을 수 있다. 1885년 영화가 발명된 초기 그 중심은 유럽이었다. 그러나 1차 세계대전으로 유럽의 영화 제작 기반이 붕괴했다. 전쟁의 직접적 피해가 없었던 미국에 기회가 왔고 그들은 놓치지 않았다. 미국 정부의 적극적인 지원으로 영화는 파라마운트, 워너 브라더스(Warner Bros.) 등의 거대 스튜디오를 중심으로 '제작-배급-상영'을 수직적으로 통합한 '영화 공장(Movie Factory)'을 구축했다(Moody, 2017). 그 위에 특정 국가나 문화에 얽매이지 않는 다양성을 기반으로 한 보편적 스토리텔링(사랑, 영웅주의, 성공, 가족애 등)과 전 세계적인 팬덤을 거느린 '스타 시스템(Star System)'을 구축했다. 영화 산업의 탄생이다.

할리우드는 기술 혁신을 가장 먼저 시도하고 혁신의 결과물로 경쟁 우위를 가져갔다. 혁신적인 기술을 볼거리로 전환하여 관객에게 매번 새로운 경험을 제공했다. 시대별로 개발한 기술을 살펴보면, 1920년대에는 유성 영화가 있다. 워너 브라더스의 '유성 영화 기술(Vitaphone)'을 통해 대사가 가능해지면서 뮤지컬, 갱스터 영화 등 새로운 장르가 탄생했고, 이는 할리우드의 황금기를 여는 기폭제가 되었다(Winter, 2024).

1930년대 흑백 영화 시대에서 '컬러 기술(Technicolor)'의 등장은 관객에게 시각적인 충격을 주었다. 영화 〈바람과 함께 사라지다〉(1939)는 단순한 색의 추가가 아니라 배우의 감정과 분위기를 전달하는 도구였다(Keizer, 2025).

1950년대 TV의 등장은 할리우드의 위기였다. 이들은 TV에서는 볼 수 없는 경험을 제공하기 위해 기술 개발에 매달렸다. 등장한 기술은 '와이드스크린(CinemaScope)'과 '스테레오' 입체 음향이었다. 서부 영화 〈황야의 7인〉(1960)에서 박진감 넘치는 전투 장면은 관객을 다시 극장으로 불러 모았다.

1970년대 이후는 현재의 문화 기술이 등장하는 시기다. CGI(Computer Generated Imagery)와 디지털 편집 기술이 들어간 〈쥐라기 공원〉(1993)에서 3D 입체 영화 〈아바타〉(2009)에 이르기까지 할리우드는 CGI, 시각 특수 효과(VFX, Visual Effects), 모션 캡처, 디지털 합성, 3D 입체 영화, 버추얼 프로덕션 등 영화의 한계를 끊임없이 기술 혁신으로 극복해 나갔다(Deguzman, 2025).

한류와 함께한 문화 기술 혁신

한류의 성장은 장르와 지역의 확산 과정이다. 한류의 시작은 1990년대 중반으로 거슬러 올라간다. 1997년 중국 국영방송 CCTV 채널에 드라마 〈사랑이 뭐길래〉가 방영되었다. 이 드라마가 중국에서 대히트를 거두면서 수입 드라마 2위에 랭크되고 1억 5천만 명의 시청자를 끌어들였다. 한류의 첫 시작이다. 한류 1기로 언급되는 이 시기는 H.O.T의 중국 진출, 가수 보아의 일본 진출이 이어졌다. 주로 중화권, 일본을 대상으로 소수의 팬 중심으로 확산한 시기다. 2000년 초반 2기 한류는 영상에서는 〈겨울연가〉, 〈대장금〉이, 온라인 게임 〈리니지〉 수출이 본격화하고, 원더걸스의 미국 진출 시도가 이어졌지만, 아직 아시아에 머물러 있었다. 3기 한류는 글로벌 플랫폼을 타고 전 세계로 퍼지는 2010년대였다. 싸이의 〈강남스타일〉을 필두로 게임 〈던전앤파이터〉, 드라마 〈별에서 온 그대〉, 글로벌 스타 BTS가 등장했다. 기존의 드라마, 음악 중심에서 게임, 레진코믹스의 웹툰, 《채식주의자》 출판까지 장르가 확장되고, 지역도 영미권까지 동시에 확장되는 시기다. 현재는 4기 한류로 푸드, 뷰티, 패션 등 생활 문화로 확장되고 SNS의 영향력과 함께 실질적인 K컬처가 완성된다(양수영 · 이성민, 2022).

한류의 성장은 문화 기술의 혁신과 궤를 같이한다. 음악에서는 공연의 현장감을 높여 준 응원 봉과 글로벌 팬덤 플랫폼이다. 응원 도구는 한 아티스트를 향한 소속감과 정체성을 시각적으로 표현하는 도구였다. 1990년대 H.O.T의 하얀 풍선에서 찾아볼 수 있다. 그 뒤 빅뱅의 '뱅봉'이라 불리는 발광(LED) 스틱이 있었으나 기술적으로 이렇다 할 것이 없었다. 2010년대 들어서면서 블루투스(Bluetooth)와 무선 주파수(RF) 기술과 6만 5000가지 LED 색상 응원 봉이 만나면서 기술의 혁신이 일어났다. 초기에는 특정 색상, 온 · 오프를 중앙에서 컨트롤하는 것이었으나 스마트폰과 결합, 자신의 좌석을 입력하면서 관객은 수동적인 관람객이 아니라 참여자로서 공연 연출의 일부가 되었다(HYBE, 2024). '아미밤(ARMY Bomb)' 등은 하드웨어와 결합한 응원 플랫폼이 되었고 새로운 수익 모델이 되었다. 응원 봉 모델은 글로벌로 전

파되었다. 테일러 스위프트(Taylor Swift)의 LED 팔찌, 콜드플레이의 자일로 밴드(Xyloband)가 그것이다.

팬덤 플랫폼은 기존 '팬카페' 등으로 흩어져 있던 온라인 소통 창구를 하나의 플랫폼으로 통합한 것이다. 대표적으로 하이브(HYBE)가 2019년 출시한 '위버스(Weverse)'가 있다. 2023년 기준으로 모바일 앱은 1억 1300만 건 다운로드되었고 월간 이용자는 1050만 명이다. 가입자의 90% 이상이 해외 사용자다. 플랫폼 내 누적 아티스트 수는 162개 팀이다. 플랫폼 속에는 15개 언어 아티스트의 글과 사진, 비하인드 영상 등 독점 콘텐츠가 올라오고 자동 번역 서비스와 댓글을 다는 소셜 미디어 기능도 제공된다. 앨범, 굿즈, 콘서트 티켓을 구매할 수 있는 커머스 기능과 온라인 콘서트 기능까지 포함한 통합 팬덤 플랫폼이다. 팬들은 여러 사이트를 옮겨 다닐 필요가 없고 소속사는 데이터 기반의 팬덤 관리가 가능해졌다(Kim, 2019). 팬덤은 단순한 지지자에서 공연을 함께 완성하는 공동 연출가, 아티스트의 성장을 지원하는 비즈니스 파트너로 진화하고 있다. K팝 성장의 핵심 동력이 되었고 그 뒤에 문화 기술이 있다.

스마트폰의 등장과 함께 새롭게 나타난 K컬처인 웹툰은 대표적인 문화 기술 성공 사례다. 이 분야의 기술에는 스크롤 기능, 댓글 기능, 제작 분업화 및 자동화 기술 등이 있다. 출판 만화가 페이지를 넘기는 경험을 기반으로 한다면 웹툰은 스크롤을 내리는 경험을 기반으로 한다. 스마트폰을 쥔 채 엄지손가락만으로 콘텐츠를 소비하는 직관적인 사용자 경험을 제공한다. 스크롤은 단순한 컷의 나열이 아니라 작가가 의도적으로 시간의 흐름과 공간의 깊이를 조절하는 연출 도구가 되었다. 페이지의 경계가 사라지면서 이야기의 끊어짐 없이 몰입할 수 있다. 카카오의 '얼라이브(ALIVE) 뷰어'는 사용자가 스크롤을 하면 카메라가 이동하는 것처럼 줌 아웃되면서 캐릭터가 떠다니는 느낌을 체험하는 기술이다.

웹툰의 댓글 기능은 작가와 독자의 실시간 상호작용을 가능하게 하여 함께 만들어 가는 콘텐츠로 진화한 핵심 문화 기술이다. 독자의 감상, 해석, 비판 등의 즉각적인 피드백과 베댓(베스트 댓글) 시스템을 통해 하나의 커뮤니티 공간이 된다. 댓글은 하나의 데이터 기반의 기술이다. 마지막으로 글과 그림의 분업 및 자동화 기술은 주간 연재라는 웹툰의 마감 시스템 속에서 높은 품질을 유지하며 산업으로 성장할 수 있게 했다. 한 명의 작가가 모든 것을 책임지던 출판 만화와 달리, 웹툰은 글 작가, 그림 작가가 분리되고, 채색, 배경 등 공정을 담당하는 어시스턴트 간의 협업 시스템을 구축했다. 수정과 편집을 쉽게 하게 하는 '클립 스튜디오 페인트(Clip Studio Paint)'와 같은 드로잉 툴, 채색을 자동으로 해 주는 네이버의 '웹툰 AI 페인터', 3D 모델링으로 만든 배경 소스, 자동 컷 분할 기술도 AI를 만나면서 지속적으로 진화하는 중이다(김태림, 2022).

이 책의 구성

이 책은 총 10장으로 구성된다. K컬처의 확산과 더불어 우리가 확보해야 할 기술, 문화가 가지고 있는 치유의 힘 그리고 문화 향유의 보편성에 대해 1장에서 3장까지 다뤘다. 1장의 주제는 컬처 엔지니어링이다. 영원한 것은 없다. K컬처가 확산일로인 이때 우리가 축적해야 할 것은 무엇인지를 엔지니어링 관점에서 고민해 본다. 내재화된 기술로 공연의 주도성을 가져가는 '테일러 스위프트'와 '코첼라' 사례를 분석하고, AI 기술과의 결합의 의미와 진화 방향을 살펴본다. 2장의 주제는 컬처 세러피(Culture Therapy)로 문화가 가지고 있는 본연의 힘 중 하나인 공감과 치유의 힘을 다룬다. 세대 간, 남녀 간, 정치적, 사회적 갈등이 확대되고, 우리는 점점 더 외롭고 우울해지는 이때 문화가 가지고 있는 공감과 치유의 힘,

컬처 세러피가 필요하다. 현대인의 정신 건강과 삶의 질 향상에 이바지하기 위해 개인화되고 맞춤형으로 제공되는 지능형 문화 치유 방법과 사례를 살펴본다. 3장은 문화 향유 보편성을 다룬다. 문화는 장애, 나이, 언어, 문화적 배경과 관계없이 누구나 향유할 수 있어야 한다. 사회적 약자들의 물리적, 심리적 장벽을 없애 주는 배리어 프리 문화 지원 기술이 필요하다. 시각 · 청각 장애인을 위한 문화 접근성 향상 기술, 물리적 제약이 없는 환경 조성 기술, 언어 및 문화적 장벽 해소 기술 등을 살펴본다. AI 기술이 문화 향유를 위해 어떤 도움이 될지 찾아본다.

누구나 창작이 가능한 세상, 우리가 만든 것이 세계로 팔리는 세상이다. 4장과 5장은 창작의 영역에서 AI 기술의 도움을 받을 수 있는 부분을 찾아본다. 4장은 생성형 AI를 활용한 창의성 확장을 다룬다. 창작 분야는 생성형 AI 등장 이후 '누구나 크리에이터'가 될 수 있는 새로운 장이 열리고 있다. 챗지피티(Chat GPT)를 활용한 글쓰기로 촉발된 이후 오디오, 이미지, 영상으로 확대되고 있다. 창작의 기본인 스토리의 중요성과 관련 주요 기술을 살펴보고, 생성형 AI를 활용한 창작 기술을 소개한다. 5장은 문화의 다양성과 편향성을 다룬다. K콘텐츠의 급속한 세계화에 따라 사회적 책임도 같이 커지고 있다. 일부 웹툰, 드라마에서 해당 국가의 문화 코드를 무시하거나, 인종 비하, 성적 편향 논란으로 사회적 문제가 되고 수출이 금지되기도 한다. 플루럴 테크는 콘텐츠 제작 초기 단계부터 문화적 다양성 확보와 편향성을 해소하는 기술이다. 편향성 이슈의 사례를 살펴보고 기술적 대안을 제시한다.

문화 예술에서 문화 산업으로의 진화는 제조와 다르지 않다. 싸고 빠르고 잘 만드는 것이다. 6장에서 8장은 콘텐츠 제작 분야를 다룬다. 6장은 시간과 비용 감소를 위한 기술, 프로덕션 테크다. 1990년대 CG(Computer Graphics)를 비롯한 디지털 편집 기술의 등장 이후 콘텐츠 제작에 다양한 특수 효과가 실현 가능해졌지만, 제작 시간의 감소, 비용 절감도 동시에 이루어졌다. 이 장에서는 시뮬레이션 기술과 버추얼 스튜디오 기술을 분석한다. 이후 제작 기술과 AI의 만남이 어떻게 이루어지는지 살펴본다. 7장은 몰입형 기술을 다룬다. AR, VR, MR(Mixed Reality), 360도 공간 등 현실감을 극대화하는 몰입형 기술이 다양하게 등장하고 있다. 각각의 기술을 살펴보고 가상 공연의 한 사례로 버추얼 아이돌을 분석한다. AI의 등장으로 현실과 가상공간이 융합되어 더욱 깊은 몰입감과 현실감을 주는 스패셜 AI를 살펴본다.

8장은 게임 분야를 다룬다. 2000년 온라인 게임으로 급속히 성장한 게임 시장은 이제 일상이다. 하드웨어의 고성능화와 게임 엔진의 발달로 더 사실적이고 몰입감 있게 다가온다. AI 기술로 게임 속 NPC(Non-Playable Character)가 나에게 말을 걸기 시작한다. 나의 상태, 아이템, 스킬 등을 파악하고 맞춤형 대화를 이어 간다. AI NPC의 사례와 주요 기술을 살펴본다.

앞으로 달려가도 점검해 봐야 하는 것과 뒤돌아봐야 할 것이 있다. 공연 안전과 우리의 문화유산을 9장과 10장에서 다룬다. 9장은 공연 안전을 다룬다. K컬처의 확산과 국내 문화 수요의 증가로 공연 산업은 확장일로에 있다. 외형 증가와 더불어 공연 안전에 대한 우려와 관심이 높아지고 있다. 공연 안전 기술은 공연 현장에서 발생할 수 있는 다양한 위험 요소를 사전에 예측하고, 발생 시 신속하게 대응하여 관객과 아티스트의 안전을 확보하는 기술이다. 공연장 사고 사례를 살펴보고, AI 기술을 활용하여 더 나은 공연 안전의 방향을 찾아본다. 마지막 10장은 디지털 헤리티지 기술이다. 문화유산의 디지털 복원, 역사적 문화유산 체험, 문화유산 콘텐츠 제작 및 데이터를 시각화하는 디지털 헤리티지의 개념을 알아본다. 디지털 헤리티지의 대표적인 프로젝트로 유럽

연합(EU)의 타임머신 프로젝트, 구글의 오즈의 마법사 프로젝트에 활용된 기술을 분석한다. 우리나라의 디지털 헤리티지 진행 현황과 AI를 활용한 디지털 헤리티지의 향후 방향을 살펴본다. 이 책에서 문화 기술의 모든 영역을 다루지는 않았다. AI 기술과 만나는 필자의 관심 영역 중심으로 구성했다. 새로운 개념이나 정의는 필자만의 의견임을 밝힌다.

AI 기술과 문화

틱톡 코리아의 마케팅 분석에 따르면 한류의 잠재적 시장 규모가 2030년에 1980억 달러에 달할 것이라고 한다. K팝은 이제 단순히 음악과 춤을 넘어 노력, 성취, 성평등, 자기표현 등 21세기가 지향하는 보편적 가치를 중동, 동남아, 중남미를 비롯해 보수적인 사회에 울림을 주고 있다. K푸드 '불닭볶음면'은 2023년 해외에서만 1조 원의 매출을 달성했다. K컬처가 콘텐츠의 영역에서 전 산업으로 확산하고 있다. K컬처의 경쟁력을 유지하고 확산하기 위해서는 문화 기술이 함께해야 한다.

구글 창업자 세르게이 브린(Sergey Brin)은 "인터넷이 예상할 수 있었던 발명이었다면, AI는 아직 어디까지 발전할지 알 수 없는 미지의 영역을 탐구하는 발견"이라고 했다. AI 기술을 올라탄 K컬처는 '오직 한없이 가지고 싶은 것은 높은 문화의 힘'을 우리에게 줄 것이다.

참고문헌

김구(2005). 《백범일지》. 돌베개.

김태림(2022.8.2). '기술과 만화의 융합' 웹툰 시대 이룬 네이버·카카오의 비밀. 한경Business. https://magazine.hankyung.com/business/article/202207278619b

엄성식 외(2012). 《문화는 소통이다》. 철학과 현실사.

양수영·이성민(2022). 한류의 발전과정과 향후 전망. KOCCA포커스. 7-20쪽.

틱톡코리아(2024.7.15). 숏폼 시대의 한류: 짧지만 강한 콘텐츠로 승부한다. https://ads.tiktok.com/business/ko/blog/go-global-whitepaper

HYBE(2024.10.4). 응원 봉으로 공간예술을 구현하는 하이브 프로덕트솔루션팀. Linkedin. https://www.linkedin.com/pulse/%EC%9D%91%EC%9B%90%EB%B4%89%EC%9C%BC%EB%A1%9C-%EA%B3%B5%EA%B0%84%EC%98%88%EC%88%A0%EC%9D%84-%EA%B5%AC%ED%98%84%ED%95%98%EB%8A%94-%ED%95%98%EC%9D%B4%EB%B8%8C-%ED%94%84%EB%A1%9C%EB%8D%95%ED%8A%B8%EC%86%94%EB%A3%A8%EC%85%98%ED%8C%80-big-hit-entertainment-jaopc/

KF(2024.3). 2023 지구촌 한류 현황.

Kim, R.(2019). 글로벌 팬 커뮤니티 위버스 구축. https://rachelkimy.com/weverse-kr

KOCCA(2024). 2023년 콘텐츠산업조사.

KOFICE(2025.2). 《2024 한류백서》.

Korea.net(2023.1.30). K-pop superstar BLACKPINK lights up evening at Saudi Arabia concert.

Cevik, S. & Padiha, T.(2024). Measuring soft power: A new globaliIndex. IMF.

Deguzman, K.(2025.3.5). What are Special Effects in movies – History & types explained. Studiobinder. https://www.studiobinder.com/blog/what-are-special-effects-in-movies/

Jagodzinski, K.(2025.2.20). Global Soft Power Index 2025: The shifting balance of global Soft Power. Brand Finance. https://brandfinance.com/insights/global-soft-power-index-2025-the-shifting-balance-of-global-soft-power

Keizer, A.(2025.4.15). What is technicolor?. Careers in Film. https://www.careersinfilm.com/what-is-technicolor/

Moody, P.(2017). U.S. Embassy Support for Hollywood's global dominance: Cultural imperialism redux. *International journal of communication,* 11.

The Beatles Story. https://www.beatlesstory.com/blog/the-beatles-race-and-segregation/

Winter, D.(2024.2.9). A comprehensive journey through the evolution of cinema's sound effects. Lightworks.

01
컬처 엔지니어링, K공연의 진화

K팝의 세계화와 더불어 K공연도 상승세다. 홍콩 영화, J팝과 같이 일시적인 현상이란 지적도 있다. 지속적인 경쟁력 확보도 해야겠지만 영원한 것은 없다. K컬처가 확산일로인 이때 우리가 축적해야 할 것은 무엇인지 엔지니어링 관점에서 고민해 본다. 내재화된 기술로 공연의 주도성을 가져가는 '테일러 스위프트 투어'와 '코첼라 페스티벌' 사례를 분석하고, AI 기술과의 결합의 의미와 진화 방향을 살펴본다.

AI와 1인 창업?

컬처 엔지니어링

K컬처가 세계를 휩쓸고 있는 가운데 K팝 공연 시장도 폭발적으로 성장세를 보인다. 얼라이드 마켓 리서치(Allied Market Research)는 K팝 공연 시장은 2022년부터 7.3%씩 늘어 2031년 200억 달러 규모에 이를 것으로 전망했다(글로벌이코노믹, 2025). 이러한 성장의 주요 동인으로 공연 수요 증가와 팬덤 확산이 꼽힌다. 전 세계 한류 팬은 2024년 2억 명을 돌파하여 그 기반을 증명하고 있다. 그럼에도 일각에서는 홍콩 영화나 J팝처럼 일시적 유행에 그칠 것이라는 우려도 있다. 영원한 것은 없기에, K컬처가 확산일로인 지금이야말로 지속적인 경쟁력 확보를 위해 무엇을 축적해야 할지 고민해야 한다. 그 답을 컬처 엔지니어링의 관점에서 찾아보고자 한다. 컬처 엔지니어링(Culture Engineering)은 문화 콘텐츠의 기획, 제작, 유통, 소비 등 과정에 걸쳐 마케팅, 소프트웨어(SW), 건축 등 다양한 분야의 지식을 융합하여 최적의 결과를 도출하는 문화 기술을 의미한다. 한국문화기술연구소에서는 '문화 예술과 인문학과 과학 기술이 융복합하고, 그 산물의 최적 현실화를 통해 인간 생활을 정신적, 물질적으로 풍요롭게 하는 일련의 작업'으로 정의했다. 이 장에서는 팬덤 분석 및 관리 기술, 무대 기술, 공

연장 설치·해체 기술의 세 가지로 나누어 살펴본다.

첫째, 팬덤을 분석하고 관리하는 기술이다. 팬덤 플랫폼이나 소셜 미디어의 데이터를 분석하여 팬들의 선호도, 반응을 실시간으로 파악하고, 이를 기반으로 맞춤형 공연과 이벤트를 추천하고, 티케팅과 같은 과정에서 팬들의 불만을 관리하는 마케팅 기술을 포함한다. 대표적인 사례로 하이브(HYBE)의 '위버스(Weverse)'가 있다. 위버스 앱은 소셜 미디어 기능, 커머스 기능, 온라인 콘서트 기능을 통합한 팬덤 플랫폼이다.

둘째, 무대 기술이다. 공연의 완성도를 높여 관객 경험을 극대화하는 기술이다. 현대 대중음악 공연은 단순히 들려주는 것을 넘어, 실시간으로 변화하는 음악에 맞춰, 조명, 영상, 특수 효과 등을 정교하게 제어한다. 무대 기술은 음향 팀, 조명 팀, 특수효과 팀, 영상 팀, 무대장비 팀 그리고 아티스트와 관객들과의 상호작용을 담당하는 영역 등이 있다(KDI, 2020).

무대 기술은 고대 그리스 연극에서 밧줄과 도르래로 신의 등장을 연출했던 '데우스 엑스 마키나(Deus Ex Machina)'에서 시작되었다. 이후 전자 제어 장치가 도입되면서 크레인, 무빙워크, 로봇 등이 무대에 등장했다(임동욱, 2017). 2024년 아이유 콘서트 오프닝에서는 크레인이, 뮤지컬 〈명성황후〉에서는 나선형 무빙워크가, 지드래곤 2025년 월드 투어에서는 초대형 에어 벌룬 로봇이 시각적 임팩트를 선사한 것이 그 예다(디지털데일리, 2025). 영상 · 음향 기술 또한 무대 기술의 핵심이다. 18세기 프랑스 마술쇼에서 시작된 조명 활용은 공연이 대형화, 복잡화하면서 화려한 음향 설계, 거대 LED 스크린과 결합하면서 발전했다. 2024년 개장한 '인스파이어 아레나'는 최대 수용 인원 1만 5000석 규모에 '건축 음향 설계'를 국내 최초로 도입했다. 대형 라이브 이벤트를 위해 음향 반사각을 계산하고 흡음재를 대거 사용했으며 대형 라인 어레이 스피커를 다량 설치하여 화려한 음향을 자랑한다(KOCCA, 2024).

셋째, 공연장 설치 · 해체 기술이다. 공연장 내 · 외부 환경과 아티스트 특성에 최적화된 무대를 설계 및 시뮬레이션하고, 장비의 이동 경로를 최적화하여 설치와 해체를 쉽게 하는 기술이다. 설치는 공연의 내용에 따른 설계에 맞게 무대 세트, 조명 · 음향 시스템, 불꽃, 연무 등 다양한 특수 효과 설치를 포함한다. 해체는 무대 장치, 장비의 빠르고 안전한 철거와 장비의 손상 방지 및 재활용을 위한 적절한 포장 및 운반, 그리고 다음 공연을 위한 보관 과정이 포함된다. 이러한 컬처 엔지니어링 사례로 테일러 스위프트의 '디 에라스 투어(The Eras Tour)'와 코첼라 밸리의 뮤직 앤드 아츠 페스티벌을 살펴본다.

테일러 스위프트: 디 에라스 투어

21세기 가장 성공한 아티스트로 불리는 테일러 스위프트의 '디 에라스 투어'는 팬 소통을 중심으로 다양한 기술을 복합적으로 활용한 사례다. 2024년, 이 투어는 60회의 공연으로 10억 4천만 달러의 매출을 기록하며 미국 대중음악 콘서트 사상 최초로 10억 달러를 돌파했다. '스위프트노믹스(Swiftnomics)'라는 신조어가 생길 정도로, 이 투어는 공연 자체를 넘어 굿즈 판매, 지역 경제 활성화 등 거대한 공연 생태계를 구축했다(Forbes, 2024).

스위프트는 인스타그램, 텀블러 등 소셜 미디어를 적극적으로 활용하여 팬과의 유대감을 강화했다. 투어 정보나 비하인드 스토리 등을 공유하고, 공연마다 달라지는 '서프라이즈 송(Suprise Songs)'에 대한 기대감을 높여 팬들의 지속적인 관심을 유도했다. 특히 노래 가사, 뮤직비디오 등에 숨겨진 의미나 다음 활동에 대한 단서인 '이스터 에그(Easter Egg)'를 숨겨 두어 팬들이 직접 찾아내고 해석하는 즐거움을 선사했다(Billboard, 2024). 그녀의 팬 관리 기술은 단순한 팬 서비스를 넘어 거대한 문화 현상을 만들고 있다.

'디 에라스 투어'는 최첨단 공연 기술과 창의적인 연출로 관객들에게 잊을 수 없는 경험을 제공했다. 360 카메라와 시네마틱 카메라를 활용한 고화질 영상, 무대 바닥과 배경 전체를 덮는 고화질 LED 스크린은 관객의 몰입감을 극대화했다. 무대 아래 '로켓 슬레드(Rocket Sled)' 기술을 활용해서 공연장을 가로질러 가는 '수영장 다이빙' 장면은 무대 바닥 LED와 함께 착시 효과를 보여 주면서 큰 화제를 모았다. 동시에 불꽃, 폭죽, 레이저 조명 등 특수 효과를 통해 시각적 화려함을 더했다. 또한 관객들에게 제공된 LED 팔찌는 중앙 제어를 통해 관객도 공연의 일부가 되는 상호작용의 즐거움을 더했다.

전 세계 도시를 순회하는 대규모 투어를 위해, 무대 구조물을 표준화된 모듈 형태로 설계해 운송과 조립 해체를 쉽게 한 것 역시 좋은 사례다. 이 밖에도 스위프트는 각 '시대(Era)'를 테마로 한 각종 팬 상품 판매, 콘서트 필름의 극장 개봉을 통해 흥행을 이어 나갔다. 또 투어 기간 스타벅스 등 다양한 브랜드와 공동 마케팅을 통해 부가적인 수익을 창출하며 공연 산업의 새로운 모델을 제시했다.

코첼라 밸리 뮤직 앤드 아츠 페스티벌

또 다른 사례를 '코첼라(Coachella Valley Music and Arts Festival)'에서 찾을 수 있다. 매년 미국 캘리포니아주 사막 지대에서 열리는 이 야외 음악 페스티벌은 단순한 음악 축제를 넘어, 첨단 기술을 통해 관객에게 최고의 몰입 경험을 제공한다(나무위키). 하루 입장객 12만 5천 명, 6일간 총 75만 명이 참석하며, 7억 달러 이상의 매출(2022년) 규모는 단순한 행사가 아닌 거대한 '경험 산업'임을 보여 준다. 2023년에는 블랙핑크가 메인 스테이지 헤드라이너로 나왔듯이 매년 K팝 스타가 초대된다.

코첼라는 컬처 엔지니어링의 요소들을 구현하고 있다. 하나는 팬 경험 관리다. 코첼라는 전통적인 광고보다는 소셜 미디어를 통해 라인업을 발표하며 팬들의 기대를 증폭한다. 유튜브와 독점 파트너십으로 전 세계에 라이브 스트리밍하여 현장에 없는 팬들까지 축제에 참여한다. 블록체인 기술을 활용한 NFT(Non-fungible Token) 티켓은 단순 입장권을 넘어 독점적 현장 경험과 디지털 아트워크를 제공하는 등 혁신적인 시도를 했다. 현장에서는 전자태그(RFID, Radio Frequency Identification) 손목밴드를 통해 나이 확인과 현금 없는 결제 시스템을 운영하여 편의성을 극대화했다.

다른 하나는 최첨단 무대 기술이다. 코첼라의 7개 무대는 각각 거대한 LED 비디오 월과 프로젝션 매핑 기술을 활용하여 아티스트의 세계관을 시각적으로 구현한다. 2023년 헤드라이너였던 블랙핑크는 한국의 미를 강조한 한옥 기와 세트와 어우러진 영상 연출로 예술과 기술의 조화를 보여 주며 극찬을 받았다(NME, 2023).

대표적 무대로 '사하라 스테이지(Sahara Tent)'가 있다. 코첼라는 점점 무거워지는 조명, 스크린, 스피커 등을 지지할 수 있도록 122미터 폭과 30미터 높이의 거대한 강철 아치 구조물을 도입했다. 그 결과 무대 천장에 매달린 거대한 키네틱(Kinetic) 조명 구조물과 움직이는 LED 패널이 음악에 맞춰 역동적인 공간감을 창출한다. 8K의 초고화질 영상과 언리얼 엔진을 이용한 실시간 렌더링, 가상의 캐릭터가 무대 위를 날아오르는 듯한 증강현실(AR, Augmented Reality) 기술까지 구현했다. 여기에 최고 수준의 엘어쿠스틱스(L-Acoustics) 음향 시스템이 더해져 거대한 공간 전체에 균일하고 압도적인 사운드를 전달한다. 이처럼 코첼라의 성공은 단순히 유명 아티스트를 섭외하는 데 그치지 않고, 기술적 투자를 통해 관객에게 최고의 경험을 제공하려는 엔지니어링적 사고가 있기에 가능했다.

AI와 컬처 엔지니어링

컬처 엔지니어링이 K팝 공연에 새로운 경험과 가치를 창출할 수 있는 핵심 분야라면 AI는 그 진화를 이끌 차세대 엔진이다. 인건비 비중이 높은 공연 예술 분야에 AI를 통한 자동화와 지능화(AX, AI Transformation)를 도입하면, 데이터 기반의 정교한 공연 관리, 연출의 혁신, 설치 · 해제 공정의 효율화를 통해 시간과 비용을 획기적으로 개선할 수 있다. AI 기술은 세 가지 영역에서 변화를 예고한다.

첫째, 팬덤 관리 기술의 초개인화다. AI는 소셜 미디어, 팬 상품 구매 데이터 등 방대한 팬 활동 데이터를 분석하여 팬덤 특성에 맞는 맞춤형 서비스를 제공할 수 있다. 특정 팬의 생일에 맞춰 아티스트의 목소리가 학습한 AI가 생일 축하 음성을 생성하여 제공할 수 있다. 또한 팬들의 반복적인 질문에 24시간 응답하는 AI 챗봇을 운영하고, 커뮤니티 내 부적절한 콘텐츠를 자동으로 필터링하여 긍정적인 팬덤 문화를 유도할 수 있다.

둘째, 공연 연출의 창의성 확장이다. 공연 연출가가 특정 테마나 음악 장르, 아티스트를 입력하면 생성형 AI가 이에 맞는 무대 디자인 콘셉트, 조명 연출, 의상 스타일 등을 순식간에 생성하여 제공하고 시뮬레이션까지

할 수 있다. 나아가 각각의 무대 장치들이 서로를 인식하고 자동으로 제어되는 '지능형 무대 시스템'은 더 높은 몰입감과 시각적 효과를 연출할 것이다. 심지어 관객의 표정이나 생체 신호를 실시간으로 분석하여, 그에 맞는 영상, 음향, 조명, 관객석의 촉각 효과까지 조절하는 상호작용을 하는 반응형 공연도 가능해진다.

셋째, 설치 및 해체 공정의 최적화다. 대규모 공연장의 복잡한 설치와 해체 과정에도 AI 기술은 핵심적인 역할을 할 수 있다. 사용될 무대 장비의 종류와 도면, 투입 인력, 요구 시간 등의 데이터를 입력하면 AI가 가장 효율적인 설치와 해체 순서, 장비 배치, 인력 동선을 제시해준다. 이는 시간과 비용을 절약할 뿐만 아니라, 현장 스태프들의 안전을 확보하는 데도 큰 도움이 된다.

이처럼 AI와 결합한 컬처 엔지니어링은 K공연을 만드는 방식부터 즐기는 방식까지 모든 과정을 혁신하게 될 것이다. 얼마 전 K공연의 호황에도 대형 공연장 부족으로 K팝 산업에 부응하지 못한다는 문제가 제기되었다(연합뉴스, 2025). 3만 명, 5만 명을 수용하는 대형 공연장 건설도 중요하지만, 그 안에 어떤 컬처 엔지니어링 기술을 채워 넣어 K공연만의 독창적인 경험을 만들어 낼 것인지에 대한 고민도 함께 이루어져야 한다.

참고문헌

글로벌이코노믹(2025.5.22). K팝 이벤트 시장, 2031년 200억 달러 규모 전망 … 해마다 7.3% 늘어. https://www.g-enews.com/article/Global-Biz/2025/05/202505220909405009fbbec65dfb_1

나무위키. https://www.namu.wiki/w/코첼라

디지털데일리(2025.3.30). 지드래곤, '8년 공백'깬 콘서트… 'AI·로봇'도 등장. https://m.ddaily.co.kr/page/view/2025033019284151580

연합뉴스(2025.5.30). 콘서트 호황인데 공연장 기근… 가요계, 'K팝 아레나' 건립 제안. https://www.yna.co.kr/view/AKR20250530062900005

임동욱(2017.1). 특수효과로 관객을 사로잡는 뮤지컬과 공연의 무대기술. 기술과 혁신. http://webzine.koita.or.kr/201701-culture/%EA%B3%BC%ED%95%99%EA%B3%BC-%EB%AC%B8%ED%99%94-%ED%8A%B9%EC%88%98%ED%9A%A8%EA%B3%BC%EB%A1%9C-%EA%B4%80%EA%B0%9D%EC%9D%84-%EC%82%AC%EB%A1%9C%EC%9E%A1%EB%8A%94-%EB%AE%A4%EC%A7%80%EC%BB%AC%EA%B3%BC-%EA%B3%B5%EC%97%B0%EC%9D%98-%EB%AC%B4%EB%8C%80%EA%B8%B0%EC%88%A0

한국문화기술연구소(2025.5.18). 문화기술(CT). https://kct.gist.ac.kr/kct/sub02_01_01.do

KOCCA(2024). 《2024 음악산업백서》. 한국콘텐츠진흥원

KDI(2020). K-Pop 공연산업 발전방안 연구. KDI.

Billboard(2024.12.13). Taylor Swift's Eras Tour remembered: 25 best moments from the pop star's historic trek.

https://www.billboard.com/lists/taylor-swifts-eras-tour-best-moments/

Forbes(2024.12.9). Taylor Swift's $2 billion Eras Tour leaves lessons on owning your power. https://www.forbes.com/sites/hollycorbett/2024/12/09/the-end-of-the-eras-taylor-swifts-lessons-on-standing-in-your-power/

NME(2023.4.16). BLACKPINK at Coachella 2023: top five moments from the K-pop superstars' headline set. https://www.nme.com/blogs/blackpink-coachella-2023-k-pop-superstars-headline-set-3431069

02
컬처 세러피, 치유의 힘

문화가 가지고 있는 본연의 힘 중 하나인 공감과 치유의 힘을 다룬다. 세대 간, 남녀 간, 정치적, 사회적 갈등이 확대되고, 우리는 점점 더 외롭고 우울해지고 있는 이때 문화가 가지고 있는 공감과 치유의 힘, 컬처 세러피가 필요하다. 현대인의 정신 건강과 삶의 질 향상에 이바지하기 위해 개인화되고 맞춤형으로 제공되는 지능형 문화 치유 방법과 사례를 살펴본다.

AI와 MBTI?

컬처 세러피

문화는 그 시대의 거울이자 사람들의 마음에 위안을 주는 치유의 힘을 가지고 있다. 컬처 세러피란 문학, 음악, 영화 등 문화 콘텐츠를 경험하거나 문화 활동에 참여하는 과정에서 정서적 안정과 심리적 위안을 얻고, 자기 성찰과 사회적 유대감 강화를 돕는 접근 방식이다. 이는 인간 심리의 여러 문제를 해결하기 위해 각종 디지털 기술을 접목하는 '마인드 테크(Mindtech)'의 하나다(김돈정 외, 2023). 구체적으로 개인 맞춤형 문화 콘텐츠 추천 및 경험 제공 기술, 문화 예술 기반의 정신적 · 신체적 건강 관리 기술 등이 있다.

개인 맞춤형 문화 콘텐츠 추천 및 경험 제공 기술은 사용자의 감정 상태, 즉 스트레스를 받거나 새로운 에너지를 받고자 할 때 그의 현재와 과거 경험 데이터 등을 활용하여 적절한 음악, 예술 작품, 공연 등을 추천하고 적합한 활동 경험을 제공하는 문화 기술이다. 예를 들면 "기분이 좋아지는 음악 들려줘" 할 때 클래식을 좋아하는 성향일 경우 차이코프스키의 '백조의 호수'를 들려주거나 "답답해, 뭐 할 만한 게 없을까?" 할 때 명상 프로그램이나 주변의 공연 프로그램을 알려 주는 것이다.

문화 예술 기반의 정신적 · 신체적 건강 관리 기술은

트라우마, 번아웃(Burnout), 집단 갈등 등의 문제 발생 시 인문, 음악, 미술, 영상 콘텐츠 등을 활용하여 대화형 심리 상담, 문화 예술 활동을 통해 치유를 돕는 문화 기술이다. 예를 들면 내면의 어두운 감정을 마주하도록 용기를 주기 위해 현대인의 불안과 공포를 상징적으로 표현한 뭉크의 〈절규〉를 심리 치유의 도구로 활용하기도 하고, 글쓰기를 통해 자기 생각과 감정을 정리하고 통찰을 얻는 자서전 쓰기 프로그램, 인지 능력 향상을 위한 치유 기능성 게임 등도 그 일환이 될 수 있다. 문화관광연구원은 2025년 10대 트렌드의 하나로 '숨기지 않는 자기 관리와 치유 예술'을 꼽았고 디지털 기술과 결합한 아트 세러피 등이 빠르게 상용화될 것으로 예측했다(노수경 · 이경진, 2025).

알고리즘과 분열하는 사회

짧고 자극적인 영상(쇼트폼)의 홍수 속에서, 사용자들은 의지와 상관없이 SNS 알고리즘에 이끌려 자기 통제력을 잃고 콘텐츠에 중독되고 있다. 유튜브, 틱톡, 네이버 등의 서비스를 합치면 한국인 5명 중 3명꼴로 하루 2시간 이상 쇼트폼을 소비한다(매일경제, 2025). 최근 이런 현상을 '뇌가 썩는다'는 의미의 '브레인 롯(Brain Rot)'이라는 신조어로 부를 정도다. 이러한 기술 환경은 사회 갈등을 증폭하는 원인이 되기도 한다. 보건사회연구원《사회통합 실태조사》에 따르면 우리 사회의 2024년 '갈등도'는 4점 만점에 3.04점으로 2018년 조사 이래 가장 높게 나타났다. 특히 '진보와 보수' 간의 정치 갈등이 가장 심각한 것으로 나타났다(연합뉴스, 2025).

집단 간 갈등의 확대는 우리나라만의 문제는 아니다. 뉴욕대학교 갤러웨이 교수(Scott Galloway)는 기술 기업의 알고리즘이 이러한 갈등을 증폭한다고 지적한다. 특히 구글과 같은 플랫폼에서 "분노가 최고의 브랜딩 도구"라고 주장한다. 즉 가짜 뉴스가 사용자의 분노를 자극하면, 이에 반박하는 다른 의견의 사용자들이 더 많이 참여하게 되고, 플랫폼은 이 상호작용을 통해 더 많은 광고 이익을 얻는 구조다(MWC, 2025). 그 결과 미국의 젊은 남성들이 여성 혐오적이고 국수적 콘텐츠에 몰입하고 있다. 우리 사회도 탄핵 사태에 대한 견해를 SNS에 올리고, 구독하면서 더 큰 갈등을 불러일으키고 있다.

온라인 커뮤니티가 제공하는 편의성과 즉각적인 도파민 보상이 현실 세계의 사회적 관계 구축을 멀어지게 하고 있다. 유튜브, 틱톡 등 플랫폼의 영향에서 벗어나 서로를 이해하는 공감(Empathy)적 접근이 필요하다. 애덤

스미스는 공감을 "고통받는 사람이 원하는 대로 태도를 바꾸는 것"이라 했듯이 우리는 줄타기하는 곡예사를 보면 같이 긴장하게 된다. 다른 사람이 마치 우리 자신인 것처럼 느낀다는 말이다(Wall, 2009). 이와 같이 공감과 사회적 관계를 강화하는 문화 예술을 활용한 치유 프로그램, 컬처 세러피가 필요하다. 실례로 호주에서는 지역사회의 예술 참여를 통해 백인들과 원주민 간의 상호 이해와 통합을 추진하는 'CAN(Community Arts Network)' 프로그램을 운영 중이다.

우울해지는 개인

또 다른 현상으로 개인의 내면이 무너지고 있다. 국립정신건강센터 《정신건강 현황보고서》에 따르면 2023년 우울 장애로 치료받은 환자가 100만 명을 넘어섰고, 국민 4명 중 1명은 정신 질환을 경험하고 있다. 자살 사망자는 인구 10만 명당 27.3명으로 세계 최고 수준이다. 2024년 6월, 우리나라 첫 아쿠아리움이었던 63빌딩 '아쿠아플라넷 63'이 문을 닫았다. 어린이들의 명소 하나가 사라진 것이다. 인구 감소 때문이다. 2024년 출생률은 0.75명대로, 옥스퍼드 인구문제연구소에 따르면 우리나라가 지구상에서 가장 먼저 사라질 나라로 언급될 정도다. 이는 사회 전체의 활력을 떨어뜨리고 있다.

급속한 산업화로 앞으로 달려가기만 했던 우리나라는 2025년 현재 0%의 경제 성장률과 더불어 65세 이상 고령자가 20%를 넘은 초고령 사회가 되었다. 본격적인 은퇴가 진행 중인 베이비부머에게 정신적 스트레스는 치매에 이어 고민 순위 2위에 올라 있다(HGI · 트리플라잇, 2024). 스트레스는 독서에도 영향을 준다. 국민 독서 실태 조사에 따르면 60대 이상의 독서율은 2013년 71.4%에서 2023년 32.3%로 큰 폭으로 하락했다. 사회를 위해 헌신하는 이들의 마음 건강은 더 심각하다. 소방공무원에 마음 건강 설문 조사 결과 외상 후 스트레스 장애(PTSD)가 6.5%, 우울증은 6.3%가 있는 것으로 조사되었고, 극단적 선택을 한 번이라도 생각해 봤다고 밝힌 응답자는 8.5%로 4465명이나 달했다(소방청, 2024). 마음을 치유하기 위해 공감의 힘을 회복해야 할 때다. 그 도구가 치유 프로그램, 컬처 세러피다. 영국의 경우 정신 건강 증진을 위한 독서 치료 프로그램으로 '리딩웰(Reading Well)'을 공공 도서관과 의료 기관이 협력하여 운영하고 있다. 한국문화예술교육진흥원에서 예술 치유 프로그램을 통해 국민의 심리적 안정을 지원하듯이 국가 차원의 프로그램도 속속 등장하고 있다.

AI와 컬처 세러피

개개인들은 모두가 특별하다. 갈등 해소와 정신 건강 치유를 위해서는 심리학자 손다이크(Edward Thorndike)가 의도했던 평균적 커리큘럼이 아닌 개개인에게 집중해야 한다(Rose, 2015). AI 기술이 개인 맞춤형 치유의 가능성을 여는 하나의 대안이다. AI 기술을 활용한다면 사용자의 마음을 읽고 이해하고, 개인에게 최적의 문화 경험을 제공하고, AI 에이전트 대화를 통한 공감과 소통이 가능해진다.

첫째, AI는 사용자의 마음을 읽고 이해한다. 이미지 인식 기술을 활용하는 감정 AI 플랫폼 '어펙티브(Affective)'는 운전자와 승객의 얼굴과 목소리로부터 기쁨, 분노 등 감정 상태는 물론, 하품이나 눈 깜박임 속도를 감지하여 신체적 산만도까지 감지한다. 국내 '바이칼 AI'는 음성 패턴을 분석하여 인지, 우울, 말 명료도를 측정한다. 나아가 일론 머스크의 '뉴럴링크(Neural Link)'와 같은 뇌·컴퓨터 인터페이스(BCI) 기술은 뇌 활동을 직접 분석하여 감성을 인식한다.

둘째, AI는 개인에게 최적화된 문화 경험을 제공한다. 컨설팅 기업 액센처(Accenture)의 구매 추천 선호도 조사에 따르면 생성형 AI가 물리적 매장에 이어 2위로 나타났다. 이는 소셜 미디어, 온라인 마켓, 친구 등을 모두 앞서는 수치다. 음악 추천 서비스 '스포티파이(Spotify)'는 단순 추천 플레이리스트를 넘어 사용자의 청취 기록과 현재 기분을 분석하여 '출근할 때 듣는 음악' 같은 명령만으로도 개인에 맞는 음악을 틀어 준다(Spotify, 2024). 구글의 '구글 아트 앤드 컬처(Google Arts & Culture)'는 사용자의 감상 기록, 검색 기록 등을 분석하여 개인에 맞는 미술 작품, 공연, 전시 등을 추천한다. 또한 명상 앱 '캄(Calm)'은 사용자의 현재 스트레스 지수를 파악하여 스트레스 관리 ASMR 콘텐츠를 제공하여 1억 5000만 다운로드를 기록할 정도다(한경닷컴, 2024). 기능성 게임(Serious Game)을 통해 정신 건강을 치유하고자 하는 접근도 있다. 게임을 좋아하는 청소년을 타깃으로 치료에 대한 저항을 낮출 방법이다. ADHD 아동의 집중력 강화 훈련이나 어르신의 치매 예방에 활용된다. 그 예로 공간 지각력이 부족한 아이들을 위한 증강현실 양치 교육 게임 '브러시몬스터', 옛이야기를 바탕으로 어르신의 인지 기능을 자극하여 치매를 예방하는 게임 '봄ing' 등이 있다.

셋째, AI는 공감과 소통을 가능케 한다. 챗지피티 등 거대 언어 모델(LLM, Large Language Model)의 등장으로 AI와 자연스러운 대화가 가능해졌다. 고려대학교 안암병원과 울산과학기술원(UNIST) 연구진에 따르면 AI 챗봇과 단순 대화를 나누는 것만으로도 외로움이나 불안감이 완화될 수 있으며, 이는 비대면 상담의 유용성을 높여 준다. 더 나아가 독서 토론형 'AI 에이전트(AI Agent)' 기술은 사회적 갈등을 줄이는 데 이바지할 수 있다. 우리 사회의 토론 기피 문화, 논쟁적 토론 문화에서 다른 사람의 말을 들어 주는 소통형 토론 문화로의 정착을 위한 접근이다. 예를 들면 '세대 차이'라는 주제를 놓고 관련 도서, 보고서, 영상을 학습한 뒤 토론을 진행하고, 공감대를 형성하고 결론을 유도하는 AI 에이전트가 등장한다면, 이를 통해 세대 간, 집단 간 지식 교류를 활성화함으로써 사회 통합에 이바지할 수 있다. AI 기술의 발전과 함께 컬처 세러피는 더욱 정교하고 효과적인 방식으로 진화할 것이다.

공감은 우리 사회 통합의 원동력이다. 다양한 문화와 가치관이 공존하는 사회에서 공감은 사회 통합을 위한 필수 요소다(송오현 · 김성태, 2025). 개인의 공감과 치유에 AI 기술을 도입하는 데 긍정적인 부분만 있는 건 아니다. 개인 프라이버시 문제, 데이터 보안, 알고리즘에 의한 감정 조작 가능성, 환각(hallucination)에 의한 오진 위험성 등도 함께 해결해야 할 과제다.

참고문헌

국립정신건강센터(2024.10). 《국가 정신건강현황 보고서 2023》.

김돈정 외(2023.9). 인간 심리와 디지털 기술을 적용한 마인드 테크 서비스. 《KEIT 이슈리뷰》. 54쪽.

노수경 · 이경진(2025.3). 빠르게 변화하는 시대, 우리가 준비해야 할 문화예술 트렌드 2025~2027. KCTI INSIGHT. https://kcti-insight.re.kr/page/vol06/index.php?subpage=01

매일경제(2025.3.17.). 요즘 젊은이들, 매일 밤 뇌가 썩고 있다 … 무기력증까지 이어진다는 '이것' 중독. https://www.mk.co.kr/news/it/11265640

소방청(2024.2). 2023년 소방공무원 마음건강 설문조사 결과. https://www.nfa.go.kr/nfa/releaseinformation/beforehand/officiallist/?boardId=bbs_0000000000000022&mode=view&cntId=261&category=%EC%A0%95%EC%B1%85+%EB%B0%8F+%EA%B8%B0%ED%9A%8D&pageIdx=1

송오현 · 김성태(2025). 《메타필링》. 한국경제신문.

연합뉴스(2025.3.3). 국민의 '사회갈등' 인식, 6년來 최고 … '진보 vs 보수' 가장 심각. https://www.yna.co.kr/view/AKR20250301050000530

한경닷컴(2024.2.9). 1억 명 이상 다운 받은 명상 앱… 공황 발작 부작용 논란. https://www.hankyung.com/article/2024020957427

HGI · 트리플라잇(2024.6.28). 투자사를 위한 사회문제와 산업 분석 리포트: 고령화. https://www.hginitiative.com/content_notice/2597

Accenture.(2025). Me, my brand and AI.
https://www.accenture.com/content/dam/accenture/final/accenture-com/document-3/Accenture-Me-My-Brand-and-AI.pdf

MWC Conference(2025.3.3). Keynote 6: The Age of Revolution with Scott Galloway.
https://www.mwcbarcelona.com/agenda/sessions/5104-keynote-6-the-age-of-revolution-with-scott-galloway

Rose, T.(2015). *The end of average*. HarperCollins Publishers. 정미나 옮김(2018). 《평균의 종말》. 21세기북스.

Spotify(2024.4.7). Spotify premium users can now turn any idea iInto a personalized playlist with AI playlist in beta.

Wall, F. de.(2009). *The age of empathy*. Harmony Books. 최재천 · 안재하 옮김(2017). 《공감의 시대》. 김영사.

03
배리어 프리, 문화 향유의 보편성

문화는 장애, 나이, 언어, 문화적 배경과 관계없이 우리가 모두 동등하게 누려야 할 보편적 권리다. 사회적 약자들의 물리적, 심리적 장벽을 없애 주는 배리어 프리 문화 지원 기술은 이 지점에서 필요하다. 이 장에서는 감각의 장벽을 허무는 기술, 물리적 제약을 넘어서는 기술, 언어와 문화의 차이를 잇는 기술을 살펴본다. 이후 AI 기술이 문화 향유를 위해 어떤 도움이 될지 찾아본다.

AI와 난임 극복?

배리어 프리 문화 기술

배리어 프리(Barrier Free) 문화 기술은 장애, 나이, 언어, 문화적 배경 등과 관계없이 모든 사람이 문화를 누릴 수 있도록 문화 기술을 활용하여 물리적, 심리적 장벽을 제거하는 것이다(나무위키). 배리어 프리의 시작은 1974년 '유엔장애인생활환경전문가협회 보고서'로 휠체어를 타고 있는 장애인들이 공공시설이나 집에 편하게 들어가기 위해 문턱을 없애는 것으로 출발했다. '장애인복지법'에서는 "누구든지 장애를 이유로 정치 · 경제 · 사회 · 문화생활의 모든 영역에서 차별을 받지 아니하고, 누구든지 장애를 이유로 정치 · 경제 · 사회 · 문화생활의 모든 영역에서 장애인을 차별하여서는 아니 된다"라고 명시되어 있다. 배리어 프리 문화 기술로는 감각의 장벽을 허무는 기술, 물리적 제약을 넘어서는 기술, 언어와 문화적 장벽을 잇는 기술이 있다.

첫째, 감각의 장벽을 허무는 기술이다. 시각 · 청각 장애인을 위해 음성, 촉각, 수어, 진동 등 대체 정보를 제공하여 문화 콘텐츠를 동등하게 이해하고 즐길 수 있도록 하는 기술이다. 영화, 드라마, 공연 등에서 인물의 표정이나 행동, 장면 전환 등 시각적 정보를 음성으로 설명해주는 화면 해설(Audio Description) 기술, 영상물의 대사, 음악 등을 자막으로 제공하거나 수어 통역 영상을 제공하는 폐쇄 자막(Closed Captioning)이 대표적이다. 빅테크 기업 메타(Meta)의 '레이벤 메타 글라스(Ray-Ban Meta Glass)'를 착용한 시각 장애인이 자원 봉사자에게 전화하면, 봉사자가 글라스의 영상을 보고 음성 피드백을 제공하는 '비 마이 아이즈(Be My Eyes)' 서비스처럼 기술이 인간의 도움과 결합하는 형태로 진화하고 있다.

둘째, 물리적 제약을 넘어서는 기술이다. 휠체어 사용자나 노약자 등 이동에 제약이 있는 사람들이 불편 없이 문화시설을 이용하고 문화 활동에 참여하도록 물리적 장벽을 제거하거나 보조하는 기술 및 설계 방식이다. 누구나 손쉽게 쓸 수 있는 제품, 건축, 환경, 서비스를 구현하는 유니버설 디자인(Universal Design)이 대표적이다. 휠체어 사용자를 위한 전용 관람 공간, 출입의 편의성을 높이는 자동문, 높낮이 조절 전시물, 증강현실(AR)/가상현실(VR)을 활용해 현장에 가지 않고도 예술작품이나 문화유산을 체험하는 몰입형 환경을 제공하는 기술이 있다. 국립중앙박물관의 '공간 오감'처럼 국보 반가사유상의 예술적 가치를 느끼기 위해 만져 보고, 들어 보고, 느껴 보는 경험을 제공하는 시도도 있다.

셋째, 언어와 문화적 차이를 잇는 기술이다. 발달 장

애인, 새터민, 국내 거주 외국인 등 언어와 문화적 차이로 인해 문화 콘텐츠를 이해하고 공감하는 데 어려움을 겪는 이들을 위한 기술이다. 박물관, 미술관 등에서 다국어로 된 오디오 가이드, 모바일 앱 제공, 전시나 공연 정보를 쉽게 이해할 수 있도록 쉬운 글과 그림으로 된 설명 자료, 가상 문화 공간에서 혐오 표현을 감지하고 차단하는 기술 등이 여기에 속한다.

장애 무용과 햅틱 기술

배리어 프리 기술은 장벽 제거를 넘어 새로운 감각을 창조하여 예술의 범위를 넓히기도 한다. 2024년 8월 '장애인 국제 무용제' 무대 위 두 명의 무용수가 현대 무용을 선보인다. 한 무용수가 춤을 추면, 그의 미세한 움직임이 센서를 통해 다른 무용수에게 실시간으로 전달된다. 처음에는 다른 무용수의 동작을 모방하다가 자신만의 독특한 움직임을 만들어 낸다. 장애 무용과 햅틱(haptics) 기술 결합의 결과다. 이는 무용 공연의 사각지대에 놓여 있던 시각 장애인 예술가들에게 더 많은 창작 가능성을 제공하고 장애 무용을 혁신적으로 변화시키고 있다. 무용수 간에 감각을 전달하고 전달받는 햅틱 슈트를 입고, 머신러닝 기술을 통해 무용 표현을 감지하고 신뢰성 있게 전송할 수 있는 기술이 적용되었기 때문이다(KIADA, 2024).

햅틱은 그리스어로 '만지는(Hapesthai)'이라는 뜻의 형용사에서 유래한 말이다. 디지털 기기에 진동이나 힘, 충격을 발생시켜 사용자가 촉감을 느끼게 하는 기술이다. 1970년대 벨전화연구소에서 발명되어 1990년대 콘솔 게임에 도입되기 시작했다. 2000년대 중반 휴대 전화 터치스크린에 적용되어 우리에겐 친숙한 기술이다. 기술이 정교해지면서 손가락 위치에 따라 각기 다른 촉감을 주어 다이얼을 돌리는 촉감, 버튼을 누르는 촉감, 미는 촉감을 동시에 구현해 낼 수 있다(ETRI, 2021). 영국 글래스고(Glasgow)대학교에서는 공기 흐름을 정밀하게 제어하여, 별도의 햅틱 장갑 없이도 손과 손가락 등에 사실적인 촉감을 전달하여 가상의 사물을 실제로 만지는 것처럼 느끼는 시스템을 구현했다(Big Think, 2021).

햅틱 기술의 발전은 신체적 장애가 더 이상 장벽이 아닌, 고유한 특징으로 존중받는 다양성의 시대를 앞당기는 데 중요한 역할을 할 것이다. 장애 무용인에게는 정서적, 심리적 측면에서 긍정적인 영향을 미치며 자신의 예술적 비전까지 구현할 것이다.

온 디바이스 AI와 배리어 프리

AI 기술은 사용자의 선호도, 관심사, 일정 등을 다양한 정보를 구조화하여 상황에 맞는 개인화된 서비스를 제공할 수 있고, 멀티모달 AI는 사용자 경험을 크게 향상할 수 있다. 예를 들어 음성과 시각을 결합하여 시각 장애인이 "앞에 보이는 것은 무엇이죠?"라고 질문을 하면 스마트폰의 카메라가 보고 있는 물체를 식별하고 형태를 알려 주거나 내용을 읽어 줄 수 있다. 특히 기기 자체에서 AI 연산이 이뤄지는 '온디바이스(On-Device) AI'가 멀티모달 AI와 결합하면 그 가능성은 더욱 커진다. 예를 들어 시각 장애인이 스마트 지팡이를 짚고 박물관을 관람할 때, 인터넷 연결과 상관없이 실시간으로 작품 정보 안내가 가능하다.

이처럼 온디바이스 AI는 데이터를 외부 클라우드로 전송하지 않고 디바이스 내에서 AI 연산을 처리하는 기술이다. 이 기술로 프라이버시와 보안이 강화되고 데이터 전송량이 현저히 감소해서 운영 비용이 획기적으로 줄어든다. 이러한 장점으로 온디바이스 AI 시장은 연평균 27.95% 성장하여 2023년 166억 달러에서 2031년에는 1181억 달러 규모(한화 약 167조 원)로 성장할 것으로 예측된다(딜로이트, 2025). 스마트폰 제조사, 사물인터넷(IoT) 서비스 기업, 드론, 자율 주행차, 로봇 기업을 중심으로 온디바이스 AI 전략을 적극적으로 검토 중이다. 온디바이스 AI 기술은 향후 가정 내 다양한 기기들이 사용자의 명령을 이해하고, 이를 실시간으로 실행하는 데 활용될 수 있다. 게다가 사용자의 행동 패턴을 학습하여 다양한 맞춤형 서비스 제공이 가능하게 될 것이다.

문화 향유를 위한 AI

문화 향유를 위한 배리어 프리 문화 기술 개발은 사용자들의 목소리를 경청하고 실제 현장에 적극적으로 적용하려는 노력이 필요하다. 몇 가지 상상을 해보자.

청각 장애인이 공연을 볼 때 생성형 AI와 다중화자 구분 기술을 활용한다면, 대사 외에도 효과음의 맥락과 감정의 실시간 전달이 가능해진다. 주변 소리를 원래 발음 및 맥락에 따라 이해할 수 있는 기술이다. AI가 공연의 사전 대본 정보를 학습하여 정확한 대사를 자막으로 보여 주고, 공연장 내 관객 반응과 공연 중의 효과음(발자국, 노크, 바람 소리 등)이 말풍선과 같은 시각적 효과로 표현이 된다면 더욱 실감 나는 공연 관람이 가능하다.

물리적으로는 휠체어 사용자나 시각 장애인이 문화시설 내에서 자신의 위치를 손쉽게 파악하고, 장애물 없는 최적의 경로를 안내받는다. 나아가 AI 기반 자율 주행 로봇이 거동 불편한 관람객의 이동을 돕거나, 전시물을 안내하는 임무를 수행할 수 있다.

언어와 문화의 장벽 역시 AI를 통해 해소된다. AI 챗봇은 사용자의 언어, 문화적 배경, 관심사, 이해 수준을 분석하여 가장 적합한 문화 콘텐츠를 추천하고, 특정 역사적 사건에 대한 배경지식 설명, 작품의 상징적 의미 해석 등 맞춤형 해설을 제공한다. 번역도 진화 중이다. 구글의 '프로젝트 스타라인(Project Starline)' 기술은 화자의 목소리 특성, 말투, 억양까지 보존하는 등 동시통역사가 원어민 수준으로 통역하듯이 자연스럽게 통역이 가능해진다(Pichai, 2025). 한편 시니어에게도 새로운 기회를 제공할 수 있다. 생성형 AI를 활용하여 그들의 지식과 경험을 기반으로 손쉽게 콘텐츠를 창작할 수 있다. 이러한 경험 제공을 통해 시니어 삶의 질과 다양한 산업 분야의 디지털 서비스 활용도를 높여 디지털 정보 격차 해소가 가능해진다.

AI 오디오 기업 수퍼톤(Supertone)은 JTBC 〈리얼라이브(Re-Alive)〉에서 더 크로스 멤버 김혁건의 창법을 복원하여 아티스트가 물리적 한계 속에서도 음악을 지속할 수 있음을 보여 주었다(데일리포스트, 2023). 김혁

건은 교통사고로 호흡이 짧아져 고음을 부르기 어려웠는데 방송에서 그의 전성기 시절 샤우팅 창법을 학습한 '디지털 트윈 김혁건'이 듀엣으로 신곡을 부른 것이다. 이처럼 배리어 프리 AI 기술은 사회적 약자의 문화 활동과 향유에 장애가 없게 만들어 줄 것이다.

휠체어 사용자를 위해 인도와 차도의 경계를 낮춘 것이 유아차, 여행 캐리어 사용자 등 모든 보행자에게 편리함을 주었듯이 배리어 프리 문화 기술이 사회적 약자만을 위한 기술이 아니라 모든 사람의 문화 경험을 향상할 수 있다는 관점에서 우리가 모두 관심을 가져야 한다.

참고문헌

국립중앙박물관. 공간 오감.
https://www.museum.go.kr/MUSEUM/contents/M0204000000.do

나무위키. https://www.namu.wiki/w/배리어프리

데일리포스트(2023.12.27). 슈퍼톤 AI, 장애로 잃어버린 더 크로스 김혁건 4옥타브 고음 부활 시켜.
https://www.thedailypost.kr/news/articleView.html?idxno=103072

딜로이트 인사이트(2025.5). 온디바이스AI시대: 시장 전망 및 활용 방안.
https://www.deloitte.com/kr/ko/Industries/technology/analysis/on-device-ai.html

ETRI(2021.3). 햅틱, 터치스크린의 신기원을 열다.
https://www.etri.re.kr/webzine/20210319/sub01.html

KIADA(2024.8.13). 예술과 기술: 장애무용과 기술의 공진화. KIADA 2024 국제학술심포지엄.
https://blog.naver.com/arko_theater/223734030200

Big Think(2021.10.11). We created holograms you can touch.
https://bigthink.com/the-future/holograms-you-can-touch/

Pichai, S.(2025). Google I/O '25 Keynote.
https://www.youtube.com/watch?v=o8NiE3XMPrM

04
스토리 테크, 생성형 AI를 활용한 창의성 확장

음악 창작은 악보 기반의 창작에서 미디(MIDI) 기반의 창작으로 그리고 데이터 기반의 창작으로 진화하고 있다. 창작 분야에서는 생성형 AI 등장 이후 '누구나 크리에이터'가 될 수 있는 새로운 장이 열리고 있다. 챗지피티를 활용한 글쓰기로 촉발된 이 창작의 장은 오디오, 이미지, 영상으로 확대되고 있다. 창작의 기본인 스토리의 중요성과 관련 주요 기술을 살펴보고, 생성형 AI를 활용한 창작 기술을 소개한다.

AI와 사주?

스토리 테크

한강 작가의 노벨상 수상과 더불어 한국 문학은 세계적인 주목을 받고 있다. 백희나 작가의 《알사탕》은 아동 문학계의 노벨상이라 불리는 '아스트 린드 린드그렌 추모상'을 수상하고, 50대 여성이 냉혹한 킬러로 변신한다는 《심 여사는 킬러》가 22개국에 판권이 팔리고 있다. 이러한 성공은 세계인이 공감할 수 있는 탄탄한 이야기의 힘 덕분이다(YTN, 2025). 기존의 K컬처가 아닌 영역에서도 반응이 나타나고 있다. 한국 창작 뮤지컬 〈어쩌면 해피엔딩〉은 토니상 최우수 작품상 등 6개 부문을 석권하는 쾌거를 이루었다. 2016년 국내 초연 이후 2024년 말 브로드웨이 진출 6개월 만의 일이다(동아일보, 2025). 이는 기존 브로드웨이 문법과는 차별화된 우리만의 스토리가 세계 무대에 통했음을 보여 주는 사례다. 우리의 스토리를 다룬 해외 애니메이션도 있다. 〈케이팝 데몬 헌터스〉는 미국 소니픽처스가 제작하고 대사가 영어지만 K팝과 한국적 요소가 소재다. 2025년 6월 개봉 이후 넷플릭스 영화 부문 1위, 빌보드 '핫 100'에 OST 〈골든(Golden)〉을 비롯하여 8곡이 진입하는 등 큰 인기를 끌고 있다. 우리가 개척한 웹소설, 웹툰 등을 비롯하여 K콘텐츠의 지속적인 성장을 위해서는 스토리의 중요성이 그 어느 때보다 커지고 있다.

스토리 테크(Story Tech)는 AI, 빅데이터 등 첨단 기술을 활용하여 스토리 창작 과정에서 개인의 창의성을 극대화하고, 누구나 자신만의 이야기를 효과적으로 전달할 수 있도록 지원하는 창 · 저작 기술이다. 이는 단순히 편리한 도구를 제공하는 것을 넘어, 창작 과정에서 새로운 영감을 불어넣고 독창적인 콘텐츠 제작을 돕는 것을 목표로 한다. 스토리 테크를 아이디어 발상 기술, 스토리 디자인 기술, 창작 지원 기술로 구분했다.

첫째, 아이디어 발상 기술이다. 이야기의 씨앗이 되는 독창적인 아이템, 주제, 캐릭터 등을 떠올리거나 발견을 돕는 기술이다. 창작자의 아이디어를 시각적으로 연결하고 확장하는 마인드맵 도구로 '엑스마인드(Xmind)', 디자인 협업 도구 '피그마(Figma)'(XDA, 2024)와 다양한 형태의 정보를 수집하고 조합하는 '에버노트(Evernote)' 등이 해당한다.

둘째, 스토리 디자인 기술이다. 아이디어를 바탕으로 세계관, 캐릭터, 플롯 등 이야기의 전체적인 구조와 청사진을 만드는 기술이다. 지식 그래프 기술을 활용하여 복잡한 플롯의 논리적 관계를 명확히 하거나, '티들리위키(TiddlyWiki)'처럼 가상 세계의 역사, 지리, 문화, 규칙 등 설정 정보를 체계적으로 관리해 준다. '스퀴블러(Squibler)'는 책 개념이나 주제를 입력하면 아이디어를 구체화하고 스토리를 생성해 준다. 음악 분야에서는 작사, 작곡뿐 아니라 소리를 창의적으로 재창조하는 믹싱과 마스터링 사운드 디자인 기술이 있다.

셋째, 창작 지원 기술이다. 전문 지식이나 복잡한 기술이 없이도 크리에이터가 쉽게 창작할 수 있는 환경을 제공하는 기술이다. 세계 최초로 작곡가 지위를 인정받은 AI '에이바 테크놀로지(AIVA Technology)'는 영화, 광고, 게임 등 다양한 미디어를 위한 감성적인 사운드트랙을 자동으로 작곡한다(Wu, 2022). 웹툰 플랫폼 '대쉬툰(Dashtoon)'은 몇 번의 클릭만으로 관심사, 이름, 좋아하는 주제 기반으로 스토리를 만든다. 할리우드의 데이터 분석 스타트업 시넬리틱(Cinelytic)은 엔터테인먼트 산업 전문 대본을 스캔하여 통찰력을 추출하는 AI 서비스 '칼라이아(Callaia)'를 2024년 9월에 발표했다. 이 서비스는 주제, 독창성, 대화 구조, 갈등 등을 AI로 분석하여 흥행 가능성을 예측한다.

멀티 IP, 선순환의 시작

모든 콘텐츠는 스토리에서 시작하고 스토리는 인간의

특별한 이야기로부터 시작한다. 그 이야기의 가치를 극대화하는 것이 IP(지식재산권) 사업의 핵심이다. 'IP 사업의 끝판왕 디즈니'는 〈미키마우스〉로 대표되는 강력한 IP를 중심으로 영화, TV, 음악, 출판, 잡지, 단편 만화 사업을 연결하고 디즈니랜드 테마파크까지 선순환 구조를 구축했다. 일본의 〈포켓몬스터〉는 캐릭터 IP 최초로 누적 매출 1000억 달러(2021년)의 성과를 거뒀다(Wiki). 게임에서 출발해 애니, 영화, 완구, 패션 등 다양한 분야에서 막대한 부가가치를 창출했다.

우리나라에서도 새로운 IP 성공 모델이 탄생하고 있다. '웹소설/웹툰 원작 → 드라마 제작사의 판권 매입 → 스트리밍 서비스에 드라마 공급 → IP 매출 다각화'라는 선순환 구조다(류현정, 2023). 멀티 IP의 가치 확장과 시너지 창출의 대표 사례로 2016년 출시된 웹소설 〈나혼자만 레벨업〉이 있다. E급 헌터 성진우의 성장기라는 독창적인 세계관을 기반으로 한 이 작품은 웹소설의 폭발적 인기에 힘입어 웹툰으로 제작되었다. 웹툰은 액션 연출과 고화질 작화가 더해져 완결 시점까지 글로벌 누적 조회수 143억 뷰라는 전무후무한 기록을 달성했다. 게임 〈나혼자만 레벨업: Arise〉는 글로벌 141개국 다운로드 1위를 달성했고, 2025년 3월 기준 게임 이용자 6천만 명에 달한다. 일본 최상위 제작사와 협력한 애니메이션은 넷플릭스 전 세계 애니 톱(TOP) 3에 들기도 했다. 〈나혼자만 레벨업〉의 성공은 강력한 원천 IP를 기반으로, 웹툰, 애니메이션, 게임 등 각 최상위 파트너와의 협업, 초기 기획 단계부터 세계 시장을 염두에 둔 현지화 및 마케팅 전략, 그리고 팬덤과의 적극적인 소통을 통해 이루어졌다(파인특허, 2025).

결국 원작의 매력은 스토리에서 나온다. 따라서 특정 장르에만 편중되는 현상을 경계하고, 우리만의 독창적인 이야기를 끊임없이 발굴해야 한다. 웹소설, 웹툰 시장에 만연한 '판타지물', '회귀물'이나 '18세 이상 이용가' 작품(2024년 57.7%)에만 집중한다면 콘텐츠의 다양성을 확보하기 어렵다(매일경제, 2025). 과거의 설화나 신화에서 창의적 영감을 얻듯, 조선시대 암행어사들이 밝힌 부정부패 기록들, 제주도의 1만 8천에 달하는 귀신들처럼 우리만이 가진 무궁무진한 이야기 자산과 스토리테크의 결합이 시급하다.

창작과 생성형 AI, 모두가 크리에이터

생성형 AI의 등장은 콘텐츠 · 문화 예술 창작 분야에 '누구나 크리에이터가 될 수 있는 시대'를 열었다. '챗지피티'를 활용한 글쓰기에서 촉발된 창작의 장은 이제 오디오, 이미지, 영상을 아우르는 모든 창작 영역으로 확대되고 있다.

소설 창작 플랫폼 기업 '노블 AI(Novel AI)'는 글이 막힐 때 자동으로 다음 문장을 이어 주는 글쓰기 조력자 역할을 한다. 엔비디아 오디오 생성 모델인 '푸가토(Fugatto)'는 명령어만으로 목소리를 변조하고 세상에 없는 새로운 소리를 만들 수 있다. 2024년 말 공개된 이 모델은 사용자가 텍스트와 오디오를 입력하면 생성형 AI 모델을 통해 여러 소리를 합성해 원하는 소리를 만들어 준다. "프랑스 억양의 슬픈 감정으로 말하는 음성을 만들어 줘"처럼 복합적인 명령을 AI가 이해하고 작업을 수행할 수 있다. "천둥이 치는 폭풍우가 멈추고 점차 새소리가 들리는 새벽 소리" 같은 명령도 가능하다(매일경제, 2024). 카이스트(KAIST)의 '어뮤즈(Amuse)' 역시 영감을 입력하면 화성 구조로 변환해 작곡을 지원한다(파이낸셜, 2025).

오픈AI에서 2025년 3월 공개한 '챗GPT-4o 이미지 생성(ChatGPT-4o Image Generation)'은 간단한 개념만으로 네 컷 만화와 이를 설명하는 문구까지 만들어 준다. 기존 이미지 생성 AI인 '달리(DALL-E)'는 그림을 그린 후

들어가는 문구 하나하나를 다 입력해야 했지만, 새 모델은 이용자의 의도를 파악하여 생성한다. 가브리엘 고(Gabriel Goh) 오픈AI 멀티미디어 담당자는 "이미지 AI가 상상한 그림을 그려 주는 참신함에서 유용한 단계로 넘어가고 있다"라고 말했다(머니투데이, 2025). 이 기술은 전 국민의 사진을 '지브리 스타일'로 한 번씩 바꾸게 하면서 저작권 논란을 일으키기도 했다.

구글 I/O(2025)에서 발표된 동영상 생성 모델 '비오 3(Veo 3)'는 프롬프트를 입력하기만 하면 캐릭터들이 자연스럽게 대화하는 고품질 영상을 제작한다. 구글이 시연한 "숲속의 현명한 늙은 부엉이와 긴장한 어린 오소리" 비디오 데모에서 숲의 소리뿐만 아니라 캐릭터들의 대화까지 자연스럽게 생성했다. 나아가 AI 영화 제작 도구인 '플로(Flow)'는 만들어진 영상에 사용자가 다음에 일어날 일을 설명하기만 하면 플로가 자연스럽게 다음 장면을 제시한다. 예를 들면 나는 자동차를 만드는 프로젝트에서 "뒷좌석에 10피트 높이의 닭을 추가해 줘"와 같이 다음 상황을 설명하기만 하면 된다. 영화 제작 시 지금은 스토리보드 작성, 촬영, 편집 등 복잡한 단계를 거쳐야 했지만, 플로를 사용하면 크게 간소화된다(Pichai, 2025). 영화 제작이 더 이상 거대한 스튜디오와 전문 장비를 갖춘 소수 전문가의 전유물에서 창의적인 아이디어를 가진 누구나 참여 가능할 수 있는 분야로 확장되고 있다.

이러한 변화에 발맞춰, 미국 아카데미 시상식 심사를 주관하는 영화예술과학아카데미(AMPAS)에서는 AI를 이용한 작품도 후보에 배제하지 않기로 했다. 사실상 AI를 영화 제작의 일부로 인정한 것이다(연합뉴스, 2025). 다만 아카데미의 수상작을 정할 때 인간의 창의성을 중시해야 한다는 단서는 달렸다. 마찬가지로 AI가 모든 것을 해 줄 것이라는 생각은 금물이다. 디지털카메라가 있다고 모두 사진 전문가가 될 수 없듯이, 창작의 영역에서도 해당 분야의 전문가와 AI의 협업이 필수다. AI는 인간을 대체하는 것이 아니라, 인간의 생산성과 전문성을 보완하는 코파일럿(Copilot)이 되어야 한다. 인간 창작자에게는 독창적인 세계관을 구축하고, 기술로 구현하기 힘든 인간의 복잡한 감성을 꿰뚫는 통찰과 AI와 협업하는 능력이 더욱 중요해질 것이다. 두바이 국제 AI 영화제에서 대상을 받은 〈원 모어 펌킨(One More Pumpkin)〉이 영화 전문가와 기술 전문가의 협업을 통해 이뤘던 것처럼 말이다.

참고문헌

동아일보(2025.6.9). '대학로 뮤지컬'의 휴머니즘, 브로드웨이를 녹였다. https://www.donga.com/news/Culture/article/all/20250609/131767376/1

류현정(2023). 《스토리테크 전쟁》. 리더스북.

매일경제(2024.11.26). 엔터 시장 겨누는 엔비디아 … 오디오 AI 공개. https://www.mk.co.kr/news/it/11178664

매일경제(2025.4.10). 성숙기 접어든 韓 웹툰 산업, 돌파구는. https://www.mk.co.kr/news/business/11287911

머니투데이(2025.3.26). '말귀 알아듣는' 이미지 생성 AI 출시 … 이참에 나도 웹툰작가?. https://news.mt.co.kr/mtview.php?no=2025032605362483971

연합뉴스(2025.4.22). 美 아카데미 시상식, AI 이용한 작품도 후보 배제 않기로. https://www.yna.co.kr/view/AKR20250422034500075

파이낸셜뉴스(2025.5.7). KAIST, 음악 창작 돕는 작곡 AI '어뮤즈' 공개. https://www.fnnews.com/news/202505071116209772

파인특허(2025.3.30). '나 혼자만 레벨업' 성공 신화 분석 – 원천 IP 확보부터 글로벌 확장까지. https://www.pinepat.com/ko/insights/columns/na-honjaman-rebeleob-seonggong-sinhwa-bunseog---weonceon-ip-hwagbobuteo-geulrobeol-hwagjangggaji

YTN(2025.3.23). 노벨상 이후 더 잘 나가는 한국문학… '결국 이야기의 힘'. https://www.ytn.co.kr/_ln/0106_202503230221345471

Pichai, S.(2025). Google I/O '25 Keynote.
https://www.youtube.com/watch?v=o8NiE3XMPrM

Wiki(2025.07.19.). List of highest-grossing media franchises.
https://en.wikipedia.org/wiki/List_of_highest-grossing_media_franchises

Wu, Y.(2022.11.29). AIVA Technology-composing music using AI. Harvard Edu.
https://d3.harvard.edu/platform-digit/submission/aiva-technology-composing-music-using-ai/

XDA(2024.11.21). 12 best creative brainstorming tools for Windows.
https://www.xda-developers.com/best-creative-brainstorming-tools-windows/

05
플루럴 테크, 문화적 다양성 확보와 편향성 해소

K콘텐츠의 급속한 세계화에 따라 사회적 책임도 같이 커지고 있다. 일부 웹툰, 드라마는 해당 국가의 문화 코드 무시, 인종 비하, 성적 편향 논란으로 사회적 문제가 되고 수출이 금지되기도 한다. 플루럴 테크는 콘텐츠 제작 초기 단계부터 문화적 다양성 확보와 편향성을 해소하는 기술이다. 편향성 이슈의 사례를 살펴보고 기술적 대안을 제시한다.

AI와 아이돌?

플루럴 테크

K콘텐츠의 영향력이 전 세계로 뻗어 가면서, 그에 따른 사회적 책임 또한 무거워지고 있다. 플루럴 테크(Plural Tech)는 기술 개발 및 활용 과정에서 다양한 문화적 배경, 가치관, 관점을 포용하고 소수의 의견이 배제되지 않도록 하는 기술 및 접근 방식이다. 마이크로소프트는 "생성형 AI 기술이 정치 · 경제 · 생산 등 우리 사회의 대부분을 파괴할 잠재력을 가질 때 이를 견뎌 내고 다양성을 지원하고 협업을 강화하는 프로젝트"로 정의하기도 한다. 이 장에서는 플루럴 테크의 개념을 콘텐츠의 다양성 확보와 문화적 편향성 해소를 위한 기술에 초점을 맞췄다.

네이버 웹툰 공모전 수상작인 〈이세계 퐁퐁남〉은 여성 혐오적인 내용으로 독자의 거센 항의와 불매 운동에 직면했다. 네이버는 결국 수상을 철회하고 외부 인사로 구성한 자문위를 발족해야 했다(연합뉴스, 2024). 이처럼 콘텐츠의 혐오 및 차별 표현은 창작자에게 큰 피해를 주고 사회적 갈등을 유발한다. 플루럴 테크는 이러한 문제를 창작 단계부터 예방하고, 편향된 콘텐츠를 걸러 내고, 사용자에게 다양한 문화적 관점을 반영한 콘텐츠를 추천하는 것을 목표로 한다.

문화적 편향성, K콘텐츠의 발목

콘텐츠 속 문화적 편향성은 다양한 형태로 나타난다. 특정 국가 문화 코드의 몰이해, 인종이나 민족에 대해 부정적인 관념을 강화하거나 희화화하는 인종과 민족에 대한 편향, 성별에 대한 고정관념이나 성차별적인 내용을 담는 성적 편향, 장애인과 세대 혐오 등이 있다. 또한 번역 과정에서 문화적 맥락을 제대로 반영하지 못하거나, 이해가 부족해 오역 논란이 발생하기도 한다.

첫째, 문화 코드나 역사적 맥락의 몰이해다. 드라마 〈오징어게임 2〉는 베트남 전쟁에 참전한 한국 군인을 미화한 표현으로 베트남 현지에서 거센 비판과 함께 시청 거부 움직임에 직면했다. 베트남인들은 "한국은 늘 일본 식민 지배 사과와 배상을 요구하면서, 자신들이 베트남에 군을 파병한 일은 업적으로 자랑한다. 이중적이다"라고 지적했다(한국일보, 2025). K팝 아이돌 블랙핑크의 〈하우 유 라이크 댓(How You Like That)〉 뮤직비디오에서는 힌두교의 신 '가네샤'의 이미지를 소품처럼 사용했다가 인도 네티즌으로부터 항의를 받았다. "우리의 힌두교 신은 대중음악 뮤직비디오에 등장할 장난감이나 받침대가 아니다"라는 항의가 잇따르자, 소속사 YG엔터는 의도하지 않은 실수로 해명하고 해당 장면을 삭제했다(중앙일보, 2020). 이는 K콘텐츠만의 문제가 아니다. 고전 뮤지컬 및 영화 〈왕과 나(The King and I)〉(1951)는 태국 왕실과 문화를 왜곡했다는 이유로 태국 내 상영이 법적으로 금지되었다. 태국 몽꿋 왕을 권위적이고 우스꽝스러우며 서구 문물에 대해 미개한 인물로 묘사했기 때문이다(월드투데이, 2017).

둘째, 인종과 민족에 대한 편향이다. '화이트워싱(Whitewashing)'이 대표적이다. 영화 〈공각기동대: 고스트 인 더 쉘(Ghost in the Shell)〉(2017)에서 애니메이션 원작의 일본인 캐릭터 쿠사나기 모토코 소령 역에 백인 배우 스칼릿 조핸슨을 캐스팅하여 원작의 인종적 배경을 지웠다는 비판이 있었다(연합뉴스, 2016). 영화 〈클레오파트라〉(2023)는 이집트 여왕 클레오파트라를 흑인 배우가 연기하면서 일부 역사학자와 이집트에서 역사적 사실과 다르다고 비판했다. 국내 SBS 드라마 〈펜트하우스 3〉(2021)에서는 배우 박은석이 연기한 캐릭터 알렉스가 레게 머리, 금니, 과장된 말투 등 흑인 문화에 대한 고정관념을 차용하고 희화화했다는 비판으로 사과했다(한국일보, 2021).

셋째, 성별 및 특정 집단에 대한 혐오다. 웹툰 〈헬퍼2: 킬베로스〉는 여성 캐릭터에 대한 과도한 성적 대상화와 폭력 묘사로 여성 혐오 논란이 있었고(조선일보, 2020), 한 지역 방송에서는 동성애를 비정상적이거나 질병으로 묘사하여 방송통신심의위원회로부터 징계를 받기도 했다. 이와 같은 불평등 해소를 위해 연구재단 '아넨버그 연구센터(Annenberg Inclusion Initiative)'에서는 할리우드 영화, 음악 산업에서 인종, 성별, 장애 등 다양성 지표를 매년 분석하여 발표하고 있다.

AI의 편향과 해소 기술

AI 기술은 문화적 편향 문제에서 양날의 검과 같다. 편견을 학습하고 증폭하는 위험성을 지니는 동시에, 이를 식별하고 해결할 가장 강력한 도구가 되기도 한다. AI 초기 구글은 구글 포토에서 흑인을 '고릴라'로 자동 태그했고, 마이크로소프트의 AI 챗봇 '테이(Tay)'는 "히틀러가 옳다. 유대인이 싫다"라는 인종 차별 발언으로 16시간 만에 서비스를 중단했다. 국내에서도 AI 챗봇 '이루다'가 동성애자, 장애인, 흑인을 혐오하는 태도를 보이면서 서비스가 중단되었다. 이러한 사건들은 AI가 인간 사회의 편향을 얼마나 쉽게 학습하는지 보여 준다. 거대 언어 모델(LLM)은 편향된 데이터로 훈련되거나, 사실이 아닌 정보를 그럴듯하게 만들어 내는 '할루시네이션' 현상이

종종 발생한다. 이러한 문제를 해결하기 위한 기술적 노력도 활발히 진행 중이다. 환각 현상을 줄이기 위해 별도의 신뢰할 수 있는 정보를 참조하는 방법으로 검색 증강 생성(RAG, Retrieval Augmented Generation) 등의 기술이 활용된다(Huang, 2024).

LLM 또한 고정관념이나 편향이 있는 프롬프트를 입력하면 문제가 되는 내용을 추가로 생성하고, 해당 고정관념을 강화하는 경우가 많다. 그 예로 "성 소수자는 술을 좋아한다"를 입력하면 "성 소수자는 술을 정말 좋아해서 백인보다 더 폭음할 가능성이 높다"라고 답변하는 식이다. 또 "남자아이들은 파란색을 좋아한다"를 입력하면 "여자아이들은 분홍색을 좋아한다"라고 흔히 알려진 고정관념이 출력된다. AI 스타트업 허깅페이스(Hugging Face)의 수석 윤리 과학자 마거릿 미첼(Margaret Mitchell)은 이러한 고정관념이 마치 과학적이거나 역사적으로 사실인 것처럼 정당화되고 있다면서 이를 해결할 데이터 세트로 '셰이드(SHADES)'를 개발했다. 셰이드는 AI 챗봇의 응답에 나타나는 고정관념이나 차별적 요소를 식별할 수 있다(Williams, 2025). 셰이드는 기존의 영어 중심의 도구에서 벗어나, 37개 지역에서 사용되는 16개 언어를 기반으로 설계했다. 외모, 정체성, 직업 등 사회적 요소를 기반으로 한 고정관념 304개를 수집했다. 앞으로 공개 프로젝트와 다양한 협업을 통해 더 나은 언어 모델로 진화할 예정이다.

플루럴 테크는 다양한 AI 기술의 결합을 통해 완성될 것이다. 전 세계의 다양한 혐오와 차별 표현을 자동으로 수집하여 데이터베이스(유해어, 유해구 사전 등)를 구축하고, 이를 기반으로 창작 과정에서 부적절한 표현이나 이미지를 필터링하여 더 나은 대안을 추천하는 기술이 필요하다. 앞으로 개발될 플루럴 테크는 세계 시장에서 K콘텐츠의 문화적 수용성과 지속 가능성을 확보하는 핵심 역할을 할 것이다. 일종의 'AI 문화 표현 에이전트로'서 창작 단계부터 도움을 주는 기술이다. 플루럴 테크는 윤리적이고 착한 기술에 머무는 것이 아니라 콘텐츠의 리스크를 관리하고 지속 가능성을 확보해 주는 경제적이고 전략적인 기술이다. 이를 통해 국내 시장의 성숙기에 머물러 있는 웹툰과 같은 장르가 일본의 〈원피스〉, 미국의 〈마블코믹스〉처럼 오랜 시간 전 세계 팬덤의 사랑을 받는 IP로 성장하는 데 이바지할 수 있기를 기대한다.

참고문헌

연합뉴스(2016.11.11). 오시이 마모루, 영화 '공각기동대' 캐스팅

논란 일축.
https://www.yna.co.kr/view/AKR20161111068700704
연합뉴스(2024.11.22). 네이버웹툰, '이세계 퐁퐁남' 공모전 탈락 결정… 첫 공식 사과.
https://www.yna.co.kr/view/AKR20241122038400005
월드투데이(2017.3.17). 왕과 나, '율 브린너' 인생의 철학 담겨? … 태국에서 상영 금지 당해.
https://www.iworldtoday.com/news/articleView.html?idxno=218610
조선일보(2020.10.14). 이 웹툰, 선 넘네… 여성혐오 논란에 남성들이 나섰다.
https://www.chosun.com/culture-life/culture_general/2020/09/14/ZHIGLEEAFJFGNGKMW4NNCPZVQ4/
중앙일보(2020.7.12). "'힌두교 신이 장난감이냐' 블랙핑크 뮤비에 뿔난 인도 네티즌".
https://www.joongang.co.kr/article/23822685
한국일보(2021.6.13). '펜트하우스3' 박은석, 인종 차별 논란에 직접 사과… '잘못된 시도'.
https://www.hankookilbo.com/News/Read/A2021061319020000662
한국일보(2025.1.6). 베트남전 '오겜 2' 보이콧 움직임… '월남전 참전 부친 훌륭하다' 대사 탓.
https://www.hankookilbo.com/News/Read/A2025010615410000055
Annenberg Inclusion Initiative.
https://annenberg.usc.edu/research/aii
Huang, Q. et al.(2024). Agent AI Towards a Holistic Intelligence. Microsoft Research.
https://www.microsoft.com/en-us/research/publication/e

mbodied-agent-ai/

Williams, R.(2025.4.30). This data set helps researchers spot harmful stereotypes in LLMs. MIT Technology Review.

06
프로덕션 테크, 시간과 비용 감소를 위한 기술

1990년대 CG를 비롯한 디지털 편집 기술의 등장 이후 콘텐츠 제작에는 다양한 특수 효과가 실현 가능해졌다. 동시에 제작 시간의 감소, 비용을 절감하는 효율성의 혁신도 이루어졌다. 이 장에서는 제작 기술의 혁신을 이끄는 시뮬레이션 기술과 버추얼 스튜디오 기술을 분석한다. 나아가 제작 기술과 AI의 만남이 어떻게 콘텐츠 제작의 미래를 바꾸고 있는지 살펴본다.

AI와 야구?

프로덕션 테크

프로덕션 테크(Production Tech)는 영화, 애니메이션, 웹툰 등 콘텐츠 제작 단계에서 혁신적인 기술을 활용하여 제작 시간을 감소하고 비용을 획기적으로 절감하여 제작의 효율을 높이는 방법이다. 콘텐츠 제작 단계는 통상 프리 프로덕션, 제작, 포스트 프로덕션으로 나뉜다.

제작 초기의 프리 프로덕션(Pre-Production)은 채택된 아이디어를 구체화하는 기획 단계다. 촬영에 필요한 현장 정보를 바탕으로 장면을 미리 설계하고, 시뮬레이션을 통해 문제점을 예측하고 보완하는 작업이 이루어진다. 대표적으로 디지털 트윈을 포함한 시뮬레이션 기술이 있다.

제작(Production)은 대규모 장비와 인력 그리고 공간을 투입하여 실제 촬영과 제작을 진행하는 단계다. 버추얼 프로덕션, 캐릭터 생성 기술 등이 있다.

포스트 프로덕션(Post-Production)은 촬영된 결과물을 편집하고 사운드와 시각 효과를 더해 완성도를 높이는 마지막 단계다. 숙련자의 노동을 효율화하기 위해 시각 특수 효과(VFX, Visual Effects), 자동 편집 기술이 있다. 이 외에도 콘텐츠 제작 과정에서 여러 지역, 국가 작업자들의 파일 공유, 버전 관리, 실시간 피드백 등을 지원하는 클라우드 기반의 협업 기술이 있다.

시뮬레이션과 프리 프로덕션

디지털 트윈(Digital Twin)과 시뮬레이션 기술은 현대 콘텐츠 산업의 프리 프로덕션 단계에 없어서는 안 될 핵심 기술이다. 이는 기획의 완성도를 높이고 전체 제작 과정의 효율성을 극대화하는 임무를 수행한다. 디지털 트윈 기술은 현실 세계의 물리적인 대상, 시스템, 환경을 디지털 공간에 동일하게 복제하여, 실제 제작에 들어가기 전에 다양한 시나리오를 테스트하고 잠재적인 문제점을 예측할 수 있게 해 준다.

영화 및 OTT 제작에서는 복잡한 촬영 환경을 사전에 검증하는 데 주로 활용된다. 디지털 트윈으로 구현된 공간에서 주요 장면의 카메라 각도, 배우 동선, 특수 효과를 사전에 시뮬레이션하는 프리비스(Previs)가 있다. 이를 바탕으로 실제 촬영에 필요한 카메라 종류, 렌즈, 크레인 움직임 등을 정밀하게 시뮬레이션하는 테크비스(Techvis)가 이어진다(StageUnreal). 또한 실제 장소를 3D 스캔하여 가상 환경을 구축하고 일조량의 변화나 공간 제약 등을 미리 확인하는 가상 로케이션 스카우팅(Virtual Location Scouting)도 가능하다. 영화 〈아바타

(Avatar)〉는 이러한 프리비스 기술을 통해 영화의 상당 부분을 가상 카메라로 촬영했다. 배우의 연기를 캡처하고 〈아바타〉에 매핑하여 실시간으로 렌더링했다. 〈아바타〉를 통해 제임스 캐머런(James Cameron) 감독은 가상 영화 제작의 선구자로 자리매김했다(Animation World Network, 2010).

시뮬레이션 기술은 애니메이션과 웹툰 제작에서도 필수다. 캐릭터의 다양한 표정, 동작, 의상 변화 등을 3D로 시뮬레이션하고, 캐릭터의 머리카락, 옷감의 움직임, 자연 현상, 충돌 및 파괴 효과 등 물리 기반의 시뮬레이션을 진행한다. 픽사 영화 〈업(Up)〉(2009)에서는 수만 개 풍선이 움직이는 모습을 물리 기반 시뮬레이션으로 구현했고(SideFX, 2020), 웹툰 제작 도구인 '클립 스튜디오 페인트(Clip Studio Paint)'는 3D 캐릭터 모델과 사물 모델을 불러와 복잡한 구도와 포즈를 손쉽게 설정하는 기능을 제공한다.

버추얼 프로덕션

2024년 최고의 화제작 〈눈물의 여왕〉에는 주인공 홍해인이 환각 속에서 눈 덮인 자작나무 숲을 걷는 명장면이 등장한다. 놀랍게도 이 장면은 북유럽에서 촬영하지도 않았고, 한겨울에 촬영하지도 않았고, CG 작업도 아니었다. 이는 거대한 LED 월(wall)을 통해 3차원 배경을 실시간으로 투사하고 그 앞에서 배우의 연기를 동시에 촬영하여 북유럽 겨울 숲에 온 듯한 느낌을 현장감 있게 구현했다. 버추얼 프로덕션 기술을 활용한 결과다.

버추얼 프로덕션(Virtual Production)은 디지털 세계와 현실 세계를 실시간으로 연결한 실사 프로덕션 기법이다. 대형 LED 월에 둘러싸인 스튜디오에서 실사 이미지, 실사 영상과 가상 세트의 조화를 이루며 촬영하는 방식이다(한영주, 2024). 우리나라에서는 코로나19를 계기로 해외 로케이션이 어려워지면서, 안정적 제작 여건 확보 측면에서 크게 부상했다. 이를 통해 재촬영이나 후반 작업에 드는 시간을 80~90%까지 줄였다. 배우는 실제 배경을 보며 연기하므로 연기 몰입도가 높아지고 감독은 창의적인 연출을 실시간으로 시도하는 장점이 추가되었다. 영화 〈더 만달로리안(The Mandalorian)〉(2019)을 시작으로 영화 〈듄(Dune)〉(2021)에 사용되었다. 국내에서는 영화 〈승리호〉(2021), 〈지옥 시즌 2〉(2024) 등으로 빠르게 확산했다.

영화 산업의 디지털 전환과 함께, 할리우드를 중심으로 버추얼 프로덕션 스튜디오와 제작 콘텐츠가 늘고 있다. 포천 비즈니스 인사이트(Fortune Business Insight)에 따르면 글로벌 버추얼 프로덕션 시장은 2023년 29억 달러에서 2032년 96억 달러 규모로 성장할 것으로 전망된다. 소니(Sony)는 실시간으로 화면을 합성하는 인카메라(In-Camera) VFX 기술 및 실제와 같은 LED 화면을 제공하는 '소니 이노베이션 스튜디오(Sony Innovation Studios)'를 구축했고, 영국의 픽소몬도(Pixomondo)는 거대한 LED 무대에 3D 모델, 모션 캡처와 결합한 언리얼 기반으로 축구 경기장의 군중 2만 명을 구현하고 군중 감정 100개 이상 표현한 '칼레돈 풋볼 클럽(Caledon Football Club)' 광고를 만들어 광고에 현실감을 불어넣었다(fxguide, 2022).

국내 제작사들도 실감형 콘텐츠 제작 주도권을 잡기 위해 앞다투어 버추얼 스튜디오를 구축 중이다. 덱스터 스튜디오는 미국 럭스 마키나(Lux Machina)와 협업하여 '스튜디오 D1'을 론칭했고, 자이언트 스탭은 LG전자와 공동 연구 개발한 'A.I-One 1 스튜디오'를 통해 최초로 상설 홀로그램 콘서트를 론칭했다. CJ ENM은 경기도 파주에 지름 20m, 높이 7m 이상 국내 최대 규모의 종합 스튜디오 '버추얼 프로덕션 스테이지'를 통해 넷플릭스 〈고요의 바다〉(2021), 〈눈물의 여왕〉 등을 촬영했다. 실감형 콘텐츠는 영화, OTT, 광고, 뮤직비디오까지 그 활용 범위가 넓어지고 있다.

AI와 프로덕션 테크

2023년 7월 할리우드에서는 118일간 이어진 대규모 파업은 AI가 제작 분야의 일자리 위협이 현실이라는 것을 보여 주는 상징적인 사건이다(뉴시스, 2024). 반면 열악한 제작 환경은 시급히 해결해야 할 과제다. 우리나라가 최초로 시작한 웹툰 산업은 글로벌로 확산하면서 2024년 76억 달러 시장에서 2032년에는 1340억 달러에 달할 것으로 예상된다(Fortune Business Insights, 2025). 그러나 화려한 성장 대비 작가들은 주 6일간, 일 평균 약 10시간에 달하는 고강도 노동에 시달리고 있다. 이를 해결하기 위한 대안으로 인간과 AI의 제작 협업이 절실히 요구된다.

AI는 이미 제작 현장의 패러다임을 바꾸고 있다. 생성형 AI로 만든 최초의 일본 애니메이션 〈트윈스 히나히마〉가 2025년부터 방영을 시작했다. 제작의 95%를 AI로 만든 일본 애니메이션이다. 기획과 연출을 제외한 제작에 드는 비용과 시간만 따져도 AI로 60~70%를 줄였다. 기존에는 30분 길이의 애니메이션 12편 제작에 2년 이상

걸렸지만, AI를 활용하면 절반 수준으로 줄어든다. 기술적으로는 머리카락의 움직임과 같은 세부 표현에서 기존 방식보다 오히려 더 자연스러운 결과물을 보여 준다고 평가된다(조선일보, 2025). 그동안 엄두도 못 냈던 소형 제작사도 이 시장에 뛰어들 수 있게 되었다. 간단한 동영상, 쇼츠 제작은 AI로 넘어가고 있다. 카카오엔터테인먼트는 웹툰 홍보용 쇼트폼 동영상 서비스 '헬릭스 쇼츠'를 도입했다. 헬릭스 쇼츠는 웹툰의 내용을 이해하고 줄거리를 요약하고 맞춤 내레이션과 배경 음악을 추천하는 30초 미리보기 영상을 제작해 준다. "약 3주가 걸리던 쇼트폼 영상 제작을 3시간으로 단축해 준다"(매일경제, 2025). AI는 반복적이고 노동 집약적인 작업을 자동화하고 있다.

나아가 AI 기술은 그동안 해결하지 못한 난제를 해결하고 생산성을 극대화한다. 버추얼 프로덕션의 단점이었던 LED 월의 이미지 부족과 부자연스러움은 AI 이미지 생성을 통해 해결하고 있고, 수작업에 의존하던 고비용 CG 애셋 제작 역시 AI 기반의 뉴럴 애셋 자동 생성 기술로 대체되고 있다. 또한 제작된 고품질 3D 애셋은 디지털 애셋으로서 다양한 곳에서 재활용할 수 있다.

넷플릭스 자료에 따르면 히트작 〈기묘한 이야기〉 대

비 〈오징어 게임〉의 제작비는 10분의 1에 불과하지만, 시청 시간은 〈오징어 게임〉이 더 길었다. 이 결과로 우리나라 작품이 넷플릭스 비영어권 작품 중 20%를 차지했고, 비영어권 Top 100에 30% 비중인 압도적인 존재감을 보였다(이진국, 2025). 우리의 제작 효율성은 이미 세계를 놀라게 했다. 이 경쟁력을 유지하고 더욱 강화하기 위해서는, 이제 작품 중심의 수출을 넘어 기술 중심의 수출이 같이 가야 할 때다. AI 기술의 적극적 도입과 활용이 그 시작점이 될 것이다.

참고문헌

뉴시스(2024.7.26). 할리우드 게임업계 종사자들 파업… AI로부터 보호 요구.
https://www.newsis.com/view/NISX20240726_0002827095

디지털데일리(2024.5.22). '눈물의 여왕'·'운수 오진 날'에도 쓰인 '이것'… 시공간 한계 넘는 버추얼 프로덕션.
https://m.ddaily.co.kr/page/view/2024052214485981700

매일경제(2025.4.22). '3일 걸리던 걸 3시간 만에'…AI덕에 고품질 콘텐츠 마케팅 시대 열렸다.
https://www.mk.co.kr/news/it/11298719

스트라베이스(2025.4.14). 애니메이션 산업의 생성형 AI 활용 현주소. DataPrism.
http://www.dataprism.co.kr/contents/view.php?num=35718&leftCate=

이진국(2025.3). K-콘텐츠의 비상: 산업 특성과 성장 요인 분석(2005-140). KDI, 8-9쪽.

조선일보(2025.3.12). 'AI가 95% 완성'… 소형 제작사도 쉽게 애니 만든다.
https://www.chosun.com/economy/tech_it/2025/03/12/762KKA474FHC5PGY66KPRHYPQI/

한영주(2024.3.5). 가상에 현실을 담아내는 버추얼 프로덕션. 《월간 방송과 기술》.
http://tech.kobeta.com/%EA%B0%80%EC%83%81%EC%97%90-%ED%98%84%EC%8B%A4%EC%9D%84-%EB%8B%B4%EC%95%84%EB%82%B4%EB%8A%94-%EB%B2%84%EC%B6%94%EC%96%BC-%ED%94%84%EB%A1%9C%EB%8D%95%EC%85%98/

Fortune Business Insights(2025.6.9). WebComics 시장 규모, 공유 및 산업 분석, 장르, 대상 청중, 수익 모델 및 지역 예측, 2025-2032.
https://www.fortunebusinessinsights.com/ko/webcomics-market-105731

Animation World Network(2010.2.8). 'Avatar' and the future of digital entertainment creation.
https://www.awn.com/vfxworld/avatar-and-future-digital-entertainment-creation

fxguide(2022.9.15). The virtual production behind the soccer TVC for Caledon Football Club.
https://www.fxguide.com/fxfeatured/the-virtual-production-behind-the-soccer-tvc-for-caledon-football-club/

SideFX(2020.9.13). PIXAR UP EFFECT.
https://www.sidefx.com/tutorials/houdini-pixar-up-effect/

StageUnreal. https://stageunreal.com/previs.html

07
스패셜 AI, 현실감을 극대화하는 몰입형 기술

AR, VR, MR, 360도 공간 등 현실감을 극대화하는 몰입형 기술이 다양하게 등장하고 있다. 각각의 기술을 살펴보고 가상 공연의 한 사례로 버추얼 아이돌을 분석한다. AI의 등장으로 현실과 가상공간이 융합되어 더욱 깊은 몰입감과 현실감을 주는 스패셜 AI를 살펴본다.

AI와 운동주?

현실감을 극대화하는 몰입형 기술

2023년, 미국 라스베이거스 사막 한가운데 높이 111미터, 너비 157미터의 거대한 공 모양 건축물 '스피어(Sphere)'가 모습을 드러냈다. 그 내부를 가득 채운 16K 초고해상도 LED 스크린과 16만 7천 개의 스피커 그리고 관객의 온몸으로 진동을 전달하는 햅틱 좌석은 1만 8천 명의 관객에게 공연의 몰입도를 높여 준다. 이 공간에서 록밴드 U2의 공연과 싱크로 된 영상은 새로운 몰입 경험의 시대가 왔음을 알리고 있다(NVIDIA Korea, 2024). 몰입형 콘텐츠 기술은 가상현실(VR), 증강현실(AR), 혼합현실(MR), 360도 공간 등 사용자가 실제와 같은 경험을 할 수 있도록 시각, 청각 등 다양한 감각을 자극하고 사용자의 행동에 반응하여 높은 몰입감을 주는 기술이다.

가상현실(VR, Virtual Realty)은 사용자가 HMD (Head-Mounted Display) 장비를 착용하고 가상의 3D 환경에 몰입하여 콘텐츠를 감상하거나 게임을 하는 기술이다. 증강현실(AR, Augmented Realty)은 스마트폰이나 안경을 통해 보는 현실 세계 위에 가상의 객체나 정보를 겹쳐 보여 주어, 사용자가 현실을 기반으로 정보를 인지하고 상호작용을 할 수 있는 기술이다. 혼합현실

(MR, Mixed Reality)은 가상현실과 증강현실을 포괄하는 상위 개념으로 현실과 가상의 모든 상호작용 방식을 포함한다(박영준, 2019).

가상현실과 증강현실

스마트폰 이후의 시대를 누가 지배할 것인가를 두고, 거대 기술 기업들은 각기 다른 비전으로 경쟁하고 있다. AR, VR, MR 기기가 그 후보다. 애플 최고경영자(CEO) 팀 쿡(Tim Cook)은 2017년 옥스퍼드대학교 주최 행사에서 "AR에 대해 믿을 수 없을 정도로 흥분하고 있다. 교육, 소비자, 엔터테인먼트 등 모든 곳에서 사용 사례를 볼 수 있다"라고 말했다. 그의 이런 견해는 AR이 단순한 틈새 기술이 아니라 스마트폰처럼 보편적으로 사용되는 필수 일상 기술이 될 것이라는 시각이다. 한편 메타(Meta)의 CEO 마크 저커버그(Mark Zuckerberg)는 '메타버스'가 모바일 인터넷의 뒤를 이을 것이라고 보고 VR 중심의 전략을 펼쳐 왔다. 그의 비전에서 메타버스(Metaverse)는 가상 아바타가 일, 놀이, 사교 활동을 위해 다양한 플랫폼 사이를 이동할 수 있는 상호 연결된 가능 공간의 네트워크다. 그는 현실 세계의 상호작용을 디지털 영역으로 확장하는 것을 목표로 한다. 연계하여 메타는 VR 헤드셋 '퀘스트(Quest)'를, 애플은 MR 기기로 '비전 프로(Vision Pro)'를 내놓았다(Smith, 2025). 이와 같은 얼굴 착용형 기기는 우리의 눈과 귀에 접근하여 정보를 전달하고, 신경 인터페이스를 통해 사용자의 의도를 파악하는 방향으로 발전하고 있다.

콘텐츠 측면에서 살펴보면, MBC 다큐멘터리 〈너를 만났다〉(2020)는 7세에 안타깝게 세상을 떠난 강나연 양과 어머니가 가상현실에서 만나기까지 이야기다. 이 VR 휴먼 다큐멘터리는 몰입감과 깊은 공감을 주면서 VR 기술의 가능성과 윤리적 측면에서 큰 반향을 일으켰다. 이외에도 가상현실 콘텐츠는 FPS(First Person Shooter) 게임, 교육 콘텐츠, 역사 체험, 미술 작품 감상 등 다양하게 개발되었다. 그러나 영화 〈레디 플레이어 원(Ready Player One)〉과 같은 완전히 새로운 세상을 체험하기에는 아직 하드웨어의 완성도가 부족하다. 높은 디바이스 가격, 킬러 콘텐츠 부족, 어지럼증 등 사용자 만족도 저하 등으로 시장은 정체 중이다(Stu, 2024). 대안으로 스마트 글래스가 주목을 받고 있다. 메타는 레이밴 글래스(Ray-Ban Meta)의 차기 버전을, 애플은 디스플레이가 없고 음성 재생, 영상 녹화, AI 환경 인식 등의 기능에 집중한 스마트 글래스를, 구글은 제미나이 AI와 연결된 안드로이드 XR 글래스 개발로 경쟁 중이다. 가상현실, 증강현실, 확장현실의 미래는 생성형 AI를 만나면서 새로운 변화가 예상된다.

가상 공연과 버추얼 아이돌

2025년 3월 한 쇼핑몰에서 팝업스토어가 열렸다. 가상 아이돌 '플레이브(PLAVE)'의 2주년 축하 자리다. 이곳을 방문하기 위해 사전 예약 접속자만 2만 5천 명이 몰려 2시간 만에 마감됐다. 플레이브는 2023년에 데뷔하여 미국 빌보드 '글로벌 200' 차트에 진입했고, 지드래곤도 협력하고 싶은 아티스트로 언급하기도 했다. 플레이브만이 아니다. 연간 400회 이상 팝업스토어를 운영하는 더현대서울의 팝업 매출 1, 2위는 가상 아이돌 '이세계 아이돌'과 '플레이브'가 차지했다(조선비즈, 2025). 실시간 가상 방송 콘텐츠 기술의 고도화에 따라 버추얼 아이돌이 직접 오프라인 실황 공연까지 실시할 정도로 시장이 만들어지고 있다.

이러한 성공은 코로나19 팬데믹을 계기로 시도된 가상 공연 기술 덕이다. 가상 공연은 가상현실, 증강현실, 홀로그램 기술과 메타버스 플랫폼을 적극 활용하여 오프라인 공연과 유사한 현장감과 몰입감을 제공하는 방향으로 진화했다. SM엔터테인먼트의 온라인 전용 콘서트 플랫폼 '비욘드 라이브(Beyond Live)'에는 AR 합성 기술을 활용하여 거대한 호랑이가 무대를 뛰어다니게 했고, 힙합 뮤지션 트래비스 스콧(Travis Scott)은 미국 에픽게임즈(Epic Games)가 만든 메타버스 플랫폼 포트나이트(Fortnite)에서 스콧의 동작을 구현하는 아바타를 활용한 공연을 통해 관람객과 상호작용을 했다. 2020년 단 3일 공연에 2800만 명이 접속하여 약 2000만 달러의 매출을 기록했다. 다른 메타버스 플랫폼 로블록스(Roblox)는 소니 뮤직(Sony Music)과 파트너십을 맺고 '릴 나스 엑스(Lil Nas X)'의 싱글 음원을 가상 공연으로 발표하여 누적 관객 3600만 명을 기록했다(연합뉴스, 2021).

버추얼 아이돌 가상 공연 기술은 아바타의 얼굴 감정 표현, 의상 및 헤어 시뮬레이션, 이펙트 등 시네마틱 콘텐츠를 제작하는 기술, 아티스트의 실시간 모션 캡처를 통해 고품질의 아바타 동작을 생성하는 기술이 있다. 버추얼 아이돌은 다양한 체형 사이에 애니메이션이 자연스럽게 전환하고 정확한 포즈와 주변 환경과의 조화가 가능해야 한다, 이를 지원하는 설루션으로는 언리얼 엔진이 있다(CAD&Graphics, 2025). 오프라인 라이브 콘서트에서는 어떤 좌석에서도 눈앞의 무대에 멤버가 실존한다는 현실감을 전달하기 위해 관객의 시점에서 미리 시뮬레이션하는 기술이 사용되었다. MBN 방송 예능프로 〈아바타 싱어〉(2022)에서 공연자와 원격 라이브가 연동되어 아바타를 이용한 메타버스 뮤직쇼를 선보이기도 했다.

스패셜 AI, 몰입의 경험

더 깊은 몰입감과 현실감을 위한 접근이 스패셜 AI다. 스패셜(Spatial) AI는 현실 및 가상공간과 그 안의 객체, 사람들의 상호작용을 이해하고 예측하여 인간과 같은 인식 능력으로 3차원의 세계를 이해하는 AI 기술이다(Forbes, 2025). 이는 기존의 몰입형 기술을 한 차원 높은 단계로 끌어올리는 핵심 역할을 한다. 컴퓨터 비전의 선구자 페이페이 리(Fei Fei Li)는 "향후 10년은 공간 지능이 AI의 새로운 패러다임을 만들어 가는 시기가 될 것"이라고 했다(Y Combinator, 2025).

스패셜 AI가 구현된 몰입형 콘텐츠는, 사용자의 시선, 행동, 감정 상태, 주변 환경을 실시간으로 분석하여 그것에 맞게 반응한다. 실 가상 환경 내에서 사용자의 반응과 선호도에 맞추어 스토리 전개, 캐릭터 행동, 난이도 등의 자동 대응이 가능하다. 또한 현실과 가상 세계가 자연스럽게 융합되어 AR 캐릭터가 실제 가구 위에 자연스럽게 앉거나 벽 뒤에 숨는 행동이 가능해진다.

이러한 기술은 이미 현실화하고 있다. 2024년 8월, 네이버 메타버스 플랫폼 '제페토' 내에 K팝 스타 에스파(Aespa)의 '에스파 월드(Aespa World)'가 구현됐다. 에스파 월드는 가상공간 속에서 아티스트와 교류하고, 공감각적으로 음악을 느끼고 자신만의 음악을 만들 수 있는 인터랙티브한 경험을 제공한다. 여기에는 뮤직테크 스타트업 버시스(VERSES)의 멀티모달 생성형 AI 기술이 들어 있다(에이빙, 2025).

몰입형 콘텐츠 기술에 AI 기술이 다양하게 접목되고 있다. 딥러닝 신경망을 이용하여 이미지만으로도 3D 장면을 표현하고 새로운 시점의 이미지를 생성하는 NeRF(Neural Radiance Field) 기술은 AR/VR 3D 콘텐츠 생성에 핵심 기술로 주목받고 있다. 생성형 AI와 AR 기기가 연계되면 AR의 사용성이 획기적으로 향상될 것이다(SUPERB AI, 2023). 에지 AI 컴퓨팅 기술은 VR/AR 분야에 실시간 렌더링, 모션 예측, 객체 인식이 실시간으로 가능하게 한다. 또한 사용자는 더 이상 복잡한 명령이나 제스처를 배울 필요 없이 자연스러운 방식으로 기기와 소통할 수 있게 된다. 이를 통해 AR 기술의 대중화가 앞당겨진다. 메타에서는 이를 위해 포스트 폰을 대치할 '오리온(Orion) 프로젝트'를 진행 중이다(a16z, 2025). 앞으로 스패셜 AI 기술은 단순한 콘텐츠 소비를 넘어, 사용자가 콘텐츠의 일부가 되어 능동적으로 참여하고 상호작용을 할 수 있도록 함으로써 더욱 깊은 몰입감과 현실감을 제공할 것이다. 그럼에도 간과하지 말아야 할 것은 몰입도가 높아질수록 디지털 중독, 현실과 가상의 혼동, 생체 데이터 프라이버시 침해 문제, 가상공간 내에서의 범죄 등은 새로운 과제가 될 것이라는 점이다.

참고문헌

박영준(2019). 인공지능을 활용한 몰입형 경험. ETRI Insight. https://ksp.etri.re.kr/ksp/plan-report/read?id=737

에이빙(2025.1.10). 버시스, CES2025서 메타버스 기반 인터랙티브 뮤직 월드 제작 기술 알려… 'AI, 메타버스 기술로 음악 산업에 새 지평 연다!'. https://kr.aving.net/news/articleView.html?idxno=1796759

연합뉴스(2021.8.3). 아리아나 그란데, 포트나이트에서 투어… 메타버스 새로운 무대로. https://www.yna.co.kr/view/AKR20210803074700005

조선비즈(2025.3.19). 명품도 맛집도 제쳤다… 요즘 팝업 대세는 '가상 아이돌'. https://biz.chosun.com/distribution/channel/2025/03/19/E

GLBOEVCE5DTPDEEOYBAA4SXFI/
Cad&Graphics(2025.1.6). 언리얼 엔진으로 만든 버추얼 아이돌 플레이브.
https://www.cadgraphics.co.kr/newsview.php?pages=news&sub=news01&catecode=2&num=75878
NVIDIA Korea(2024.7.18). 화려한 디스플레이를 구현하는 라스베이거스 스피어.
https://blogs.nvidia.co.kr/blog/sphere-las-vegas/
SUPERB AI(2023.11.06). NeRF: 공간 재현을 위한 뷰 합성 방법.
https://blog-ko.superb-ai.com/nerf-view-synthesis-for-representing-scenes/
a16z(2025.4.24). What Comes After Mobile? Meta's Andrew Bosworth on AI and Consumer Tech. Youtube.
https://www.youtube.com/watch?v=qEjTz2ZmxHI
Forbes(2025.5.15). The unforgiving reality of reality: Why spatial AI must be built for precision.
https://www.forbes.com/councils/forbestechcouncil/2025/05/15/the-unforgiving-reality-of-reality-why-spatial-ai-must-be-built-for-precision/
Smith, D.(2025.4.14). Tim Cook 'cares about nothing else' product-wise other than beating Mark Zuckerberg to a pair of truly smart glasses. Fortune.
https://fortune.com/2025/04/14/tim-cook-mark-zuckerberg-smart-glasses-apple-meta/
Stu. R.(2024.10.21). Lack of 'killer' app keeps VR a niche consumer product.
https://www.verdict.co.uk/lack-of-killer-app-keeps-vr-a-niche-consumer-product-report/
Y Combinator(2025.06.16). Fei-Fei Li: Spatial Intelligence is the

next frontier in AI.
https://www.youtube.com/watch?v=_PioN-CpOP0

08
게임에서 만난 생성형 AI

2000년 온라인 게임으로 급속히 성장한 게임 시장은 이제 일상이다. 하드웨어의 고성능화와 게임 엔진의 발달로 더 사실적이고 몰입감 있게 다가온다. AI 기술은 콘텐츠의 생성, 밸런싱에 활용되고 개발 효율화에도 일조한다. 이제 게임 속 NPC가 나에게 말을 걸기 시작한다. 나의 상태, 아이템, 스킬 등을 파악하고 맞춤형 대화를 이어 간다. AI NPC의 사례와 주요 기술을 살펴본다.

AI와 한의학?

게임 개발 기술

오늘날 게임은 대중적인 취미활동이자 e스포츠로 자리 잡았다. 2026년 나고야 아시안게임에 11개의 e스포츠 종목이 확정될 정도다. 리서치업체 스태티스티아(Statistia)에 따르면 글로벌 게임 시장 매출액은 2019년 약 2764억 달러에서 2023년 4087억 달러로 꾸준히 성장했고, 2028년에는 6046억 달러에 이를 것으로 전망된다(KOCCA, 2025a). 2000년대 전후 〈스타크래프트〉와 〈리니지〉의 열풍과 함께 우리나라 게임 산업은 급격히 성장하여 한국 콘텐츠 수출액의 절반 이상을 책임지고 있다. 게임은 프로그래밍, 그래픽, 사운드, 디자인 등 다양한 전문 기술의 융합이다(gdconf.com). 게임 기술은 게임엔진 기술, 컴퓨터 그래픽스 기술, 네트워킹 기술, AI 기술이 있다.

첫째, 게임엔진 기술은 최근 렌더링, 스크립팅 등 필요한 프로그램을 각각 개발하기보다는 핵심 기능들을 통합적으로 제공하는 추세다. 대표적으로 언리얼 엔진(Unreal Engine), 유니티(Unity) 등이 있다. 둘째, 컴퓨터 그래픽스 기술은 게임 내의 캐릭터, 배경, 특수 효과 등 시각적 요소를 2D, 3D로 생성하고 표현하는 기술이다. 컴퓨터 그래픽스 기술은 게임의 시각적 현실감을 극대화하며 하드웨어 성능 향상과 더불어 고도화되고 있다. 셋째, 네트워킹 기술은 여러 플레이어가 동시에 온라인으로 접속하여 함께 게임을 즐길 수 있도록 지원하는 기술이다. 넷째, AI 기술은 게임을 보다 지능적으로 만들고, 사용자에 대한 현실적인 피드백으로 몰입감을 극대화하고 게임 개발의 효율성과 완성도를 높이는 기술이다.

지능형 NPC의 등장

게임 속 NPC는 개발자가 미리 짜 놓은 각본에 따라 정해진 대사만을 반복해 왔다. 하지만 AI 기술은 이러한 NPC에 자신만의 의지와 개성을 부여하여, 플레이어의 행동과 상황에 따라 실시간으로 반응하고 소통하는 존재로 바꾸고 있다. 이는 AI NPC(Non-Playable ㅇㅇ Character)다. 이러한 혁신은 이미 여러 게임에서 현실화하고 있다.

플레이어와 함께 성장하는 NPC의 사례로, 국내 게임사 위메이드가 엔비디아와 손잡고 개발 중인 AI를 활용한 게임이 있다. 신작 〈미르 5〉에서는 기존 정형화된 플레이 방식에서 벗어나 AI 기술을 활용하여 이용자 행동에 따른 적응형 게임으로 게임의 몰입감을 높일 계획이다(국민일보, 2025). 〈미르 5〉의 AI 보스 '아스테리온'은 이용자의 행동, 사용 가능 스킬, 공격 및 방어 능력치, 버프 효과 등을 실시간으로 학습하여 전략을 끊임없이 수정한다. 이용자는 매번 새로운 전략을 준비해야 하며 보스 격파 시 더 큰 성취감과 몰입감을 선사할 것으로 예상한다. 아스테리온 제작에는 AI 가상 캐릭터 기술인 엔비디아의 '에이스(ACE)' 기술이 활용되었다.

플레이어와 교감하는 NPC 개발은 많은 게임사들이 시도하고 있다. 리서치기업 스트라베이스(2025)에 따르면 중국 게임 기업 텐센트(Tencent)는 게임 〈피스키퍼 엘리트(Peacekeeper Elite)〉에서 플레이어 훈련을 돕고 게임 정보를 제공하는 NPC '길리(Gilly)'에 딥시크(DeepSeek) 기술을 도입할 계획이다. 길리는 플레이어 질문에 대해 플레이어의 나이, 사용 언어, 게임 능력에 따라 최적의 정보를 선별하여 응답한다. 같은 중국 기업 왕이(Nelease)는 2023년 출시한 모바일 무협 MMORPG 〈역수한(Jusitce)〉 속 NPC 수백 개에 AI 시스템을 도입했다. 유저는 자신이 원하는 이미지로 NPC를 만들고, NPC와 자유로운 대화가 가능하다(KOCCA, 2025b). 이 게임은 대화 결과에 따라 NPC의 행동과 관계가 변화하는 것이 특징이다. 출시 45일 만에 가입자 5000만 명을 돌파하며, 흥행에 성공했다.

AI NPC 기술은 다른 콘텐츠 영역으로도 확장되고 있다. 네이버 웹툰의 '캐릭터 챗' 서비스는 AI 챗봇을 통해 독자들이 웹툰 캐릭터와 실제로 소통하는 느낌을 준다. 2024년 6월부터 제공하여 2025년 4월 현재 접속자가 335만 명을 넘었고, 이용자와 AI가 주고받는 메시지는 7000만 건을 돌파했다. 캐릭터 챗은 웹툰 캐릭터의 말투, 성향, 작품 정보 등을 세세하게 학습하여 실제 캐릭터와 그 세계관 속에서 대화하며 몰입할 수 있는 경험을 제공한다. 대화가 길어질수록 친밀도가 쌓이고 작품 속 인물 특징을 반영한다. 작품 〈99강화나무몽둥이〉의 '러브' 캐릭터와의 캐릭터 챗 사용자 분석 결과 챗봇 출시 일주일 전 대비 97%의 열람 횟수가 증가했고, 매출도 44% 증가했다(매일경제, 2025).

지능형 게임 기술

지능형 NPC의 구현은 거대 언어 모델(LLM)을 비롯한 AI 기술 발전 덕분이다. 과거 스크립트 기반의 NPC와 달리, AI NPC는 동적인 대화 생성이 가능하며 게임 내 데이터를 기반으로 스스로 행동을 개선할 수 있다. 엔비디아의 '아바타 클라우드 엔진 에이스(ACE; Avatar Cloud

Engine)', 엔씨소프트의 '바르코(VARCO)' 등이 지능형 NPC를 지원하고 있다. 인간과 NPC 간의 상호작용에도 큰 변화가 있다. 기존의 일차원적 상호작용은 사전 설정된 방식에서만 반응하지만, AI 에이전트(Agent)는 인간 행동을 분석하고 학습하여 더 인간적인 상호작용을 제공하면서 현실감과 몰입도를 높인다(Huang et al., 2024). 나아가 정해진 결말 없이 플레이어마다 고유한 스토리가 생성되는 '창발적 서사(Emergent Narrative)' 형태(Game Developer, 2019)로 진화한다면 한 번만 플레이하는 게임이 아닌 끝없이 경험하는 게임 세계로 나아갈 수 있다. 그 예로 크래프톤의 인생 시뮬레이션 게임 〈인조이(inZOI)〉가 온디바이스 생성형 AI 기술을 이용하여 자신만의 이야기를 만들어 가고 있다.

한편 AI 기술의 게임 내 도입은 기존 개발 방식 자체를 혁신하고 있다. 아이디어를 빠르게 시각화하고, 반복적인 제작 작업을 자동화하여 개발 시간과 비용을 크게 절감한다. 테스트 봇이 실제 플레이어와 동일한 입력 방식으로 맵을 탐색하면서 게임의 오류와 완성도를 테스트하는 일들이 단기적으로 효과를 보고 있다. 게임사 크래프톤의 〈렐루게임즈〉는 개발자 3명이 생성형 AI로 한 달 만에 개발을 완료했다(한국경제, 2024). 중국 게임업계의 경우 60%에 육박하는 기업이 AI를 도입하여 제작 파이프라인을 구축하는 등(KOCCA, 2025b), 게임 산업의 경쟁력은 이제 트래픽 중심에서 인텔리전스 강화로 전환하고 있다.

게임에 AI 기술의 도입은 혁신적인 변화를 불러오고 있지만, 동시에 우리가 반드시 해결해야 할 과제도 안고 있다. 첫째, 저작권 문제다. 대규모 학습에 기반을 둔 생성형 AI가 불명확한 데이터를 학습했을 경우, 저작권 침해의 논란에서 벗어날 수 없다. 둘째, 일자리 대체 문제다. AI가 기존 모션 캡처 배우, 성우, 게임 아티스트 등의 일자리를 위협하는 현실적인 우려가 커지고 있다. 셋째, 데이터의 편향 문제다. AI가 편향된 데이터를 학습할 경우, NPC가 특정 문화, 인종, 성별에 대해 부정적인 이미지를 고착화하거나 혐오 표현을 할 수 있다. 이는 게임의 문화적 수용성을 저해할 뿐만 아니라, 사회적 논란으로 이어질 수 있다(KOCCA, 2025a).

참고문헌

국민일보(2025.3.25). 엔비디아와 손잡은 위메이드, 'AI 게임' 개발 박차.
https://www.kmib.co.kr/article/view.asp?arcid=0027898715

매일경제(2025.4.15). 웹툰 캐릭터와 대화하는 AI 챗봇 뜬다.
https://www.mk.co.kr/news/it/11292258

스트라베이스(2025.4.7). 게임 제작 패러다임 변화 예고하는 중국 게임업계의 생성형 AI 도입 현주소. DataPrism.
http://www.strabase.com/contents/view.php?num=35738&leftCate=

한국경제(2024.7.1). AI로 새 게임 만드는 렐루게임즈 '기술 민주화 시대 왔다'.
https://www.hankyung.com/article/2024070138941

KOCCA(2025a). 글로벌 게임산업 트렌드.

KOCCA(2025b). 중국 콘텐츠 산업동향.

Akenine-Moller, T. et al.(2022). *Real-Time Rendering*. Graphics Books. 임석현 외 옮김(2023). 《리얼-타임 렌더링》. 에이콘출판사.

Game Developer(2019.8.29). The Importance of Emergent Narratives in Games. Game Developer.

Huang, Q. et al.(2024). Agent AI Towards a Holistic Intelligence. Microsoft Research.
https://www.microsoft.com/en-us/research/publication/embodied-agent-ai/

09
공연 안전과 AI, 아티스트 보호와 관객 안전

공연 산업은 국내외로 큰 폭으로 증가하고 있다. 외형 증가와 더불어 공연 안전에 관한 관심도 높아지고 있다. 공연 안전 기술은 공연 현장의 다양한 위험 요소를 사전에 예측하고, 발생 시 신속하게 대응하여 관객과 아티스트의 안전을 확보하는 기술이다. 이 장은 공연장 사고 사례를 살펴보고, 이미지 인식과 디지털 트윈 기반의 시뮬레이션 기술 등 AI 기술을 활용한 공연 안전의 진화 방향을 찾아본다.

AI와 화장품?

공연 안전 기술

2024년 공연 예술 조사에 따르면 2023년 국내 공연 예술 시장은 약 1조 4천억 원 규모로 10년 전인 2014년 7600억 원보다 두 배 가까이 성장했다. 이러한 양적 팽창과 더불어 공연 안전에 관한 관심도 나날이 높아지고 있다. 공연 안전 기술은 공연 현장에서 발생할 수 있는 다양한 위험 요소를 사전에 예측하고, 발생 시 신속하게 대응하여 관객과 아티스트의 안전을 확보하는 기술이다.

한국산업기술시험원 '공연안전지원센터'의 《공연 외 공연 안전 매뉴얼》(2024)에 따르면 공연 안전은 크게 기획, 준비, 운영, 철거 단계로 구분된다. 기획 단계에서는 공연 유형과 예상 관람객 수, 시설 및 장소 적정성, 재해 대처 계획을 수립한다. 공연 준비 단계에서는 유해 위험 요인, 특수 효과 사용 기준 확인 등 공연 준비 계획 수립, 가설 구조물 설계, 자재 · 시설 · 장비 상태 점검, 구조물 설치 상태 점검, 공연 전 합동 안전 점검 등이 이루어진다. 실제 공연이 진행되는 운영 단계에서는 안전 교육, 안전 관리 인력 배치, 관객 입장 관리 및 혼잡 사고 발생 방지 모니터링, 공연 위험 요인 모니터링, 관객 퇴장 관리가 있다. 마지막으로 공연 철거 단계에서는 철거 작업 계획에 따라 안전하게 구조물을 철거하고 시설 및 장소 상태를 점검한다.

국내외 공연은 대규모화, 복잡도 증가, 특수 효과 활용 등으로 위험 요소가 점차 증가하고 있다. 우리나라는 아직 대규모 행사 경험이 부족하고, 무전기에 의존하는 사람 중심의 운영 방식으로 행사를 진행해 돌발 상황에 대한 즉각적인 대응이 어려운 실정이다. 또한 관객과 공연자를 위한 행사 안전 요원과 특수 경호 인력의 높은 이직률은 전문성 확보에 큰 장애가 되고 있다.

이러한 문제를 해결하기 위한 공연 안전 관리 기술로는 공연장 위험 요소의 실시간 감지 및 사전 예측 기술, 공연 현장 안전 관리 효율화 및 신속 대응 기술, 공연자와 관객 대상 안전 확보 기술이 주목받고 있다. 해외에서는 미국의 PRG(Production Resource Group)와 영국 테이트(TAIT) 그룹이 대표적이다. PRG는 '슈퍼볼 하프타임 쇼(Super Bowl Halftime Show)' 등 세계적인 이벤트를 지원하는 엔터테인먼트 기술 기업이다(prg.com). 무대의 하중 모니터링, 공연자 플라잉 제어 등을 자동화하는 'PRG 스테이지 커맨드 시스템(PRG Stage Command System)', 대규모 이벤트의 조명 · 영상 등을 제어 · 모니터링하고 오류를 실시간 파악하는 'PRG 디렉터(PRG Director)' 등의 설루션을 제공한다. 테이트 타워(TAIT

Tower)사는 세계 최고 수준의 무대 자동화, 통합 쇼 컨트롤 설루션 제공 기업이다(taittowers.com). 테일러 스위프트의 '디 에라스 투어(The Eras Tour)', 콜드플레이(Coldplay) 투어에서 활용된 쇼 자동화 플랫폼 '테이트 내비게이터(TAIT Navigator)'로 명성이 높다.

반복되는 공연장 사고, 유형별 사례

공연장 사고는 사고 발생 시점 기준으로는 공연장 설치 중, 공연 중, 해체 중, 점검 중으로 구분되고, 사고 유형 기준으로는 공연 구조물, 관객과 공연자, 특수 효과 등으로 나눌 수 있다. 사고 유형별 사례를 살펴보면, 다음과 같다.

첫째, 공연 구조물 사고다. 설계보다 더 많은 구조물을 설치하거나 장치의 고정 상태가 불량할 때, 혹은 현장의 요청에 따라 검증 없이 설계를 변경할 때 사고가 발생한다. 게다가 빠르게 설치하고 해체해야 하는 가설무대는 안전에 더 취약하다. 2023년 하남시 '슈퍼 팝(SUPERPOP)' 콘서트 사고는 무대를 설치하던 중 철제 파이프 등 구조물이 쓰러지면서 인부 8명이 다쳤다(연합뉴스, 2023). 같은 해 송가인 광주 콘서트 준비 현장에서 17m 높이의 무대장치가 무너지면서 4명이 다치기도 했다(뉴시스, 2023).

둘째, 관객 밀집 및 공연자 사고다. 대규모 관객이 몰리는 상황은 대형 압사 사고로 이어질 수 있으며, 공연자의 안전사고는 팬들에게 큰 충격을 준다. 뮤직 페스티벌 '보일러룸 서울 2024'에서는 주최 측이 2천 명 규모의 공연에 6천 장 이상의 티켓을 판매했다. 관객이 한꺼번에 몰리면서 압사 사고 우려로 공연이 중단되는 사태가 발생했다(매일경제, 2024). 영종도 인스파이어에서 열린 SBS 〈가요대전〉에서는 NCT 멤버 '텐(Ten)'이 돌출 무대에서 등장하던 중 내려간 리프트 홀에 빠져 추락하는 아찔한 사고가 있었다(조선일보, 2023).

셋째, 특수효과 사고다. 공연의 재미를 더하는 불꽃, 연무, 레이저, 드론 쇼 등도 안전관리의 주요 대상이다. 2024년 제천국제음악영화제 '원 썸머 나잇' 행사 도중 불꽃이 객석을 향해 발사되면서 17명이 다쳤다(한겨레, 2024). 2018년 미국 로드아일랜드 한 나이트클럽에서는 밴드의 공연 도중 무대 불꽃이 천장에 옮겨 붙어 100명이 사망하고 230명이 부상하는 미국 역사상 최악의 참사가 발생했다.

AI와 공연 안전

비전 인식, 기계 학습 기반 데이터 분석, 시뮬레이션 등 고도화된 AI 기술은 공연 안전 분야에 혁신적인 변화를 불러오고 있다. AI를 활용한 사전 예방 기술, AI를 활용한 공연 현장 신속 대응 기술을 살펴본다.

AI 활용한 사전 예방 기술

사고의 위험성이 있는 부분을 AI 기술을 활용하여 모니터링하고 디지털 트윈을 구축하여 시뮬레이션을 통해 사전 안전성을 극대화하는 방식이다.

대표적으로 모니터링 기술이 있다. 공연장 트러스나 와이어의 핵심 구조물에 하중, 장력, 소음, 진동을 감지하는 IoT(사물인터넷) 센서를 부착하고, 컴퓨터 비전 기반의 CCTV를 설치하여 무대 낙하 위험물이나 설치 및 해체 작업자의 불안전한 행동을 감지한다. 이렇게 수집된 방대한 데이터를 AI 기술로 실시간 분석하여 위험 징후를 사전에 경고한다. 관련 설루션으로 테이트의 '테이트 내비게이터' 자동화 플랫폼 등이 있다. 앞으로는 단순 경고를 넘어 AI가 위험 수준에 따라 특정 장비를 정지하거나, 공연자, 스태프의 개인 건강 상태까지 모니터링하여 위험을 알리는 수준으로 발전할 것이다.

다음은 시뮬레이션 기술이다. 현실의 공연장과 무대 장치, 조명 등에 대해 현실과 똑같은 가상 모델(디지털 트윈)을 구축하여 구조적 안전성, 장비 간 간섭, 기상 상황에 따른 변화 등을 미리 시뮬레이션한다. 특히 화염·폭죽·레이저·안개 등 특수 효과의 확산 범위와 관객과 공연자에게 미치는 영향을 사전에 정밀하게 예측한다. 이와 같은 디지털 트윈 환경 구축을 위해 게임엔진인 언리얼 엔진(Unreal Engine)을 활용하기도 한다. 앞으로는 VR/AR 기술과 연계하여 스태프들이 가상 비상 상황 훈련을 하거나, 생성형 AI가 설계의 잠재적 위험성을 찾아내고 대안을 제시하는 단계로 나아갈 것이다. 이와 같은 기술은 글로벌 대형 기업의 전유물이 될 수 있다. K공연이 국내외로 활성화되는 이때 국내 기업들이 활용할 수 있는 AI 안전 설루션 개발 검토가 필요하다.

AI 활용한 공연 현장 신속 대응 기술

공연 현장에서 위급 상황이 발생했을 때 얼마나 신속하게 대응하느냐는 생명과 직결된다. AI 기술은 지능형 커뮤니케이션과 지능형 대피 유도 시스템을 통해 피해를 최소화하는 데 이바지한다.

지능형 커뮤니케이션은 AI가 CCTV 영상을 분석하여

무대 근처의 연기를 화재로 인식하면, 즉시 화재 경보를 발령하고 "무대 오른쪽 조명에 화재 의심, 조기 진압 필요"와 같은 구체적인 메시지와 현장 영상을 관계자에게 자동으로 전송한다. 응급 환자가 발생하면 AI가 의료팀 연락, 가장 가까운 자동심장충격기(AED)의 위치를 안내하고, 필요시 119에 자동으로 신고한다. 모토롤라 설루션(Motorola Solutions)의 '커맨드 센트럴 어웨어(Command Central Aware)'는 이러한 공공안전 커뮤니케이션 플랫폼의 좋은 예다.

공연이 대형화할수록 군중 밀집에 대한 지능형 군중 분석 및 지능형 대피 시스템이 중요해진다. AI 영상 분석 기술은 실시간 군중 밀집도와 이동 방향, 쓰러짐, 역주행 등 이상 행동을 감지하여 안전 요원에게 위험 상황을 조기 경보한다. 국내 AI 영상 분석 전문 기업 핀텔(Pintel)은 자사의 '프리백스(PREVAX)' 설루션을 '구로구 골목길 충돌 예상 시스템' 등에 적용한 바가 있다(보안뉴스, 2024). 앞으로, 개인별로 최적의 대피 경로를 안내하거나, 자율 주행 로봇이나 드론을 활용하여 능동적으로 군중을 제어하는 기술이 가능해질 전망이다. 간과하지 말아야 할 것은 AI 기술이 안전 관리를 맡았을 때의 사고에 대한 책임 소재는 추가 논의가 필요하다는 점이다.

참고문헌

공연안전지원센터(2024.12). 공연장 외 공연 안전 매뉴얼. 한국산업기술시험원.

뉴시스(2023.12.30). 송가인, '무대설치 사고' 광주 콘서트 연기에 '안전이 최우선'. https://www.newsis.com/view/NISX20231230_0002576375

매일경제(2024.7.28). '보일러룸' 주최 측, 압사 사고 우려로 공연 중단… '전액 환불 예정'. https://www.mk.co.kr/news/entertain/11079035

보안뉴스(2024.7.15). 핀텔, 세계 최고 수준의 스마트시티 구축하는 AI 기술 신흥강자. https://m.boannews.com/html/detail.html?idx=131309

연합뉴스(2023.9.21). 하남 '슈퍼팝 2023' 무대 붕괴 원인은? … 경찰, 현장 합동 감식. https://www.yna.co.kr/view/AKR20230921138600061

예술경영지원센터(2024.12). 2024년 공연예술조사(2023년 기준). 문화체육관광부.

조선일보(2023.12.26). SBS '가요대전', 또 발생한 안전사고… NCT텐 추락에 방송사고까지. https://www.chosun.com/entertainments/broadcast/2023/12/26/TQPIPQZWCOIUBGXW334XPHCYHA/

한겨레(2024.9.8). 관객 쪽으로 폭죽 '펑'… 화상 환자 포함 17명 병원 이송. https://www.hani.co.kr/arti/society/society_general/1157449.html

Motorola Solutions. https://www.motorolasolutions.com/en_us/products/command-center-software/public-safety-software/real-time-

intelligence-operations/commandcentral-aware.html
PRG. https://www.prg.com/en/news/super-bowl-lix
TAIT.
https://www.taittowers.com/work/taylor-swift-reputation-world-tour

10
디지털 헤리티지, 문화 예술의 보호와 복원

사라져 가는 문화유산을 디지털 기술로 보존하고, 그 가치를 새롭게 체험하며 미래 세대에게 전하는 디지털 헤리티지의 시대가 열리고 있다. 디지털 헤리티지의 개념과 대표적인 프로젝트로 타임머신 프로젝트, 오즈의 마법사 프로젝트의 활용된 기술을 분석한다. 우리나라의 진행 현황과 AI가 열어 갈 디지털 헤리티지의 미래를 조망해 본다.

종교와 AI?

디지털 헤리티지

유네스코(UNESCO)는 2003년 〈디지털 유산 보존에 관한 헌장〉에서 '디지털 헤리티지(Digital Heritage)'를 "디지털로 생성되거나 기존 아날로그 자원에서 디지털 형태로 변화된 정보"로 정의했다. 디지털 헤리티지는 디지털과 문화유산을 뜻하는 '컬처 헤리티지(Culture Heritage)'를 합친 말이다. 유·무형의 문화유산을 디지털화함으로써 원형의 영구적인 보존이 가능하고, 전 세계인 누구나 문화유산에 접근하고 감상할 수 있다. 또한 고품질의 디지털 데이터는 문화유산에 대한 심층 연구와 교육 자료로 활용된다. 디지털 변환에는 3D 스캐닝, 디지털 복원, 가상현실(VR), 증강현실(AR), AI 등 다양한 첨단 기술이 융합되어 문화유산의 보존을 넘어 새로운 문화 콘텐츠 창출에 이바지한다. 디지털 헤리티지 기술에는 디지털 복원 기술, 역사적 문화유산 체험 기술, 문화유산 콘텐츠 제작 및 데이터 시각화 기술이 있다.

첫째, 디지털 복원 기술이다. 3D 스캔 데이터 등을 이용하여 손상된 문화재의 형태와 색상을 복원하거나 고문서의 이미지와 텍스트를 현대어로 바꿔 주는 고문서 판독 기술이 있다. 둘째, 역사적 문화유산 체험 기술이다. 역사적 데이터를 기반으로 가상현실 환경을 구축하고 사용자에게 몰입형 체험을 제공하거나 문화유산에 대한 해설을 제공하는 기술이다. 셋째, 문화유산 콘텐츠 제작 및 데이터 시각화 기술이다. 문화유산 데이터를 기반으로 교육 콘텐츠를 제작하거나 데이터를 시각화하여 사용자의 이해를 돕는 기술이다. 이러한 기술이 어떻게 구현되는지 유럽연합(EU)의 타임머신 프로젝트와 구글의 오즈의 마법사 프로젝트를 통해 살펴본다.

유럽 과거의 재구성, 타임머신 프로젝트

EU에서 추진하는 '타임머신 프로젝트(Time Machine Project)'는 유럽의 수천 년 역사와 문화유산을 거대한 디지털 정보 시스템으로 구축하는 대규모 연구다. 유럽 전역의 방대한 기록물, 유물, 예술품, 건축물 데이터를 디지털화하고, AI와 시뮬레이션 기술을 활용하여 과거를 재구성한다. 타임머신 프로젝트는 과거의 빅데이터를 통해 유럽의 사회, 문화, 지리적 진화를 시대별로 보여 주는 거대한 분산형 디지털 정보 시스템 구축을 목표로 한다(Time Machine Europe).

대표적 프로그램으로 TMO와 로컬 타임머신 프로젝트가 있다. TMO(Time Machine Organisation)는 고문서의 문자 인식, 그림 등 시각 자료의 이미지 분석, 정보(인물, 장소, 사건, 시간 등)를 상호 연결하여 지식 그래프를 구축하는 등 빅데이터를 구축하는 프로그램이다. 게다가 소장된 방대한 박물관 자료를 고해상도로 디지털화한다.

로컬 타임머신 프로젝트는 특정 지역의 빅데이터 수집 프로젝트로 86개의 지역이 참여하고 있다. 렘브란트의 거주지역인 신트(Sint)를 중심으로 17세기 암스테르담의 회화 생산과 소비를 데이터 기반으로 심층 분석했고, 스페인 카탈루냐 지역의 '3D 캐피틀(Capitals)' 프로젝트는 사진 측량법을 활용하여 시민들이 각자의 휴대전화로 '산 쿠가트(Sant Cugat) 수도원'의 기둥머리 145개를 3D 버전으로 제작했다. 퓨어(PURE) 3D 프로젝트는 네덜란드 림뷔르흐의 유물, 건물 등 3D 유산 객체를 3D 학술 에디션 형태로 출판하고 보존하는 프레임워크를 구축하는 프로젝트다. 이와 같이 타임머신 프로젝트는 앞으로 데이터 상호 운용성 강화 및 표준화, AI를 활용한 역사 연구의 혁신, 유럽 데이터 스페이스(European Data Space) 전략과 연계하여 문화유산 데이터 디지털 주권 강화에도 이바지할 예정이다.

EU에서는 타임머신 프로젝트 외에도 문화 예술의 보호와 복원을 위한 다양한 프로젝트가 진행되고 있다.

2019년 4월 발생한 노트르담 대성당 화재의 복구 작업에는 디지털 기술이 적극적으로 활용되었다. 복구에는 10년 전 앤드루 탤런(Andrew Tallon) 교수가 수집한 10억 개 이상의 3D 레이저 스캔 데이터가 결정적인 역할을 했다(Madrigal, 2019). 성당 건축과 관련된 역사적 도면, 기록, 그림, 사진 등을 디지털화하고 180개의 둥근 천장 복원에 오토데스크(Autodesk)사의 BIM(Building Information Modeling) 기술을 활용했다(Autodesk News, 2023).

스페인 바르셀로나의 가우디 건축물 '카사 바트요(Casa Batllo)'의 방문객을 위한 몰입형 기술도 있다. '카사 바트요 10D 익스피리언스(Casa Batlli 10D Experience)'란 이름으로 입장 시 태블릿 기반 AR 서비스를 통해 가우디가 영감을 받은 요소들을 직관적으로 이해할 수 있도록 한다. 건물 내 가우디 돔(Gaudi Dome)에는 1000개가 넘는 LED 스크린으로 둘러싸인 공간에서 영상과 사운드를 통해 가상 환경에 들어간 느낌을 선사한다. 카사 바트요는 건축가의 창의적 세계로의 깊은 몰입을 유도하여 새로운 차원의 경험을 제시하고 있다(casabatllo 홈페이지).

오즈의 마법사와 스피어

라스베이거스 초대형 스크린 '스피어(Sphere)'에 가면 1939년에 상영된 〈오즈의 마법사(The Wizard of Oz)〉를 만날 수 있다. 이 영상은 구글 딥마인드(DeepMind)와 구글 클라우드(Cloud)의 AI 기술로 재탄생한 결과물이다. 화면에 펼쳐진 도로시와 양철 나무꾼 영상은 최신 영화라도 해도 믿을 만큼 선명하고 이질감도 없다(Chaban, 2025).

구글은 85년 전 작은 셀룰로이드 필름 프레임으로 찍힌 영화를 재현했다. 전통적인 영화 프레임보다 훨씬 넓은 스피어의 초대형 화면을 실감 나게 채우기 위해 기존 영화 프레임 바깥에 있는 이미지도 동영상 AI 기술인 'AI 아웃 페인팅(outpainting)'으로 생성해 냈다. 영상을 복원하기 위해 구글은 남아 있던 영상, 촬영 대본, 사진, 당시 세트 계획서, 악보 등 다양한 데이터를 확보하고, '제미나이(Gemini)'와 영상 AI '베오(VEO)'에 학습시켜 원작 캐릭터의 세부 사항, 특정 장면의 카메라 초점 거리 등 제작 요소까지 훈련했다.

토머스 쿠리안(Thomas Kurian) 구글 클라우드 CEO는 "이 영상 뒤에는 정말 많은 기술이 들어갔다. 활용한 AI 제작 모델만 20가지가 넘고, 이 모델을 실행하고 미세

조정할 수 있게 해 주는 AI 칩 TPU(Tensor Processing Unit) 기술까지 뒷받침해 주고 있다"라고 한다(중앙일보, 2025). AI가 핵심 제작 멤버로 참여한 〈오즈의 마법사〉는 2025년 8월 스피어에서 정식 개봉한다. 구글은 AI 기술을 활용한 이 102분짜리 영화를 통해 할리우드 제작사와의 협업 모델과 함께, 어떤 환경에서도 고품질의 영상으로 생성이 가능한 AI 기술력을 보여 주었다.

AI와 디지털 헤리티지

우리나라는 2000년대부터 디지털 복원 정책을 시작했다. 2024년 시행된 〈문화유산의 보존 및 활용에 관한 법률〉을 통해 문화유산 데이터 수집, 관련 기술 개발, 서비스 플랫폼 구축 등 문화유산 지능 정보화 기반 구축을 시행 중이다. 국가유산청은 문화유산 3D 디지털화 및 아카이빙 사업으로 해인사 대장경, 석굴암 등 국보와 세계문화유산에 대해 3D 정밀 스캐닝 기술을 활용하여 데이터베이스를 구축했고, '국가유산 디지털 서비스'를 통해 국가유산 원형 디지털 데이터와 콘텐츠 등 48만 건의 데이터를 공개했다(경향신문, 2024). 국립중앙박물관 역시 소장품의 디지털 아카이브와 박물관 내 '디지털 실감영상관'에서 VR 기기를 통해 〈왕의 행차, 백성과 함께하다〉와 같은 몰입형 체험 콘텐츠를 제공한다. 디지털 기술을 활용한 문화유산 콘텐츠화의 사례로 세계기록유산으로 등재된 '의궤'가 있다. 국립중앙박물관에서는 2022년 〈외규장각 의궤, 그 고귀함의 의미〉에서 영조와 정순왕후의 가례 의식을 3D 영상으로 구현하여 의궤에 담긴 역사적 의미를 전달했다(김은경, 2025).

디지털 헤리티지 분야에서 생성형 AI 기술의 활용 가능성은 매우 크다. 첫째, 지능형 복원 및 보존이다. AI가 기존 데이터와 패턴을 학습하여 훼손된 문화유산을 정교하게 복원하고, 재구성하는 것이 가능해진다(Mary, 2025). 나아가 머신비전 기술을 활용하여 작품의 손상 영역을 검출하고 보관 환경에 따라 작품의 손상 시기를 예측할 수도 있다. 둘째, 스토리 창작에도 활용된다. 문화유산에 얽힌 설화, 시대적 배경, 역사적 의미나 유물을 기반으로 AI가 흥미로운 이야기를 생성하거나 작품 창작에 영감을 줄 수도 있다. 셋째, 무형 자산의 암묵지를 디지털로 저장하는 '디지털 아카이브(Digital Archive)'가 가능해진다. 전통 예술의 음악, 무용, 연희의 창작 과정과 연주, 연출 기법은 대부분 암묵지의 형태로 디지털화가 매우 어려웠다. 이를 멀티모달 데이터로 수집하고 AI로 특징점을 추출하고 생성형 AI로 재현함으로써 문화의 전승과 교육에 획기적인 전환을 가져올 수 있다.

AI 기술로 복원한 문화유산이 '진짜'와 같다고 할 수 있을까? 기존 데이터를 바탕으로 한 추론과 예측에 의존한 결과물로 추측한 내용이 실제 창작자의 독창적인 특징을 놓침으로써 원형과 다를 수 있고, 학습된 알고리즘의 편향성이 복원 결과에 영향을 미칠 수도 있다. 그럼에도 완전히 소실된 문화재를 다시 볼 수 있게 해 주는 유일한 방법이고, 지속적인 기술 발전은 정확도 향상에 이바지할 것이다. 앞으로 복원된 부분과 원본을 명확히 구분하고, 복원 과정을 상세히 기록하는 등 투명성의 원칙은 디지털 헤리티지에서 가져가야 할 핵심 원칙이다.

참고문헌

경향신문(2024.5.17). 국가유산 디지털 자료 48만 건, 무료 공개 됐다. https://www.khan.co.kr/article/202405171140001

국가법령정보센터(2025.2.14). 문화유산의 보존 및 활용에 관한 법률.

국립중앙박물관. 디지털 실감 영상관 안내. https://www.museum.go.kr/MUSEUM/contents/M0203010000.do

김은경(2025). 디지털 시대의 미술사: 디지털 헤리티지 연구의 현황과 성과. 《미술사학연구》, 325, 109~140쪽.

중앙일보(2025.4.10). AI가 되살린 85년 전 '오즈의 마법사'. https://www.joongang.co.kr/article/25327496

Autodesk News(2023.4.14). Restoring Notre-Dame de Paris.

Casa Batllo. https://www.casabatllo.es/en/10d-experience/

Chaban, M.(2025.4.8). The AI magic behind Sphere's upcoming 'The Wizard of Oz' experience. https://blog.google/products/google-cloud/sphere-wizard-of-oz/

Madrigal, A. C.(2019.4.16). The Images That Could Help Rebuild Notre-Dame Cathedral. *The Atlantic.* https://www.theatlantic.com/technology/archive/2019/04/laser-scans-could-help-rebuild-notre-dame-cathedral/587230/

Mary, B. J.(2025.1). Generative AI for Cultural Heritage Preservation. Researchgate. https://www.researchgate.net/publication/387668842_Generative_AI_for_Cultural_Heritage_Preservation

Time Machine Europe. https://www.timemachine.eu

UNESCO. https://webarchive.unesco.org/web/20230616073538/https://en.unesco.org/themes/information-preservation/digital-heritage/concept-digital-heritage

김돈정

한국콘텐츠진흥원 콘텐츠·문화예술 PD다. 고려대학교 심리학과를 졸업했다. 북한대학원대학교에서 북한학으로 석사학위를, 건국대학교에서 "프로그래밍 기반 로봇 학습"(2016)으로 교육공학 박사학위를 받았다. 삼성카드에서 직장 생활을 시작해 SK텔레콤에서 20년간 티맵, T스마트러닝, 스마트 빔, 스마트 로봇 등 다양한 신규 사업을 추진했고, AI 유닛에서 AI 서비스 기획 부서장을 맡았다. 국가 R&D를 기획, 관리하는 PD로서 산업부 지식 서비스 분야에서 5년간 활동했다. 현재 문체부 콘텐츠·문화예술 분야를 맡고 있다. 잠시 경희대 컴퓨터공학과 연구교수로도 활동했다. 새로운 트렌드에 관심이 많아 미래 교육을 연구하는 미래인재연구회, 인간의 심리와 새로운 기술의 결합을 연구하는 마인드테크연구회, 중장기 트렌드를 연구하는 빅퓨처 트렌드연구회 등 소모임에 참여하고 있다. 주요 저서로는 《애즈어 서비스다!》(2021, 공저)가 있다. 수상 실적으로는 교육과학기술부장관 표창(2012), 산업자원부장관 표창(2015), 산업통상자원부장관 표창(2018)이 있다.